近代华侨参政及
相关法律研究

马慧玥 著

上海三联书店

目　录

绪　　论

华侨是中国近代政治史不容忽略的一支力量。广大华侨虽然身在海外,却心系祖国,近代中国史上的诸多重要政治事件,诸如维新变法、辛亥革命乃至抗日战争,华侨皆倾心参与,从未缺席,为中国近代民族民主革命做出了重要贡献。

一、华侨的概念

华人是指所有具有中国国籍或祖籍的人。在新中国成立前,海外华人和华侨,即侨居在海外的具有中国国籍的人,是同一概念。

中国人移居海外的历史很长,司马迁的《史记》中有关于"箕子朝鲜"的记载,早在周初,便有商朝遗民箕子东迁朝鲜半岛并建立"箕子候国";而秦朝建国后,更有徐福东渡,更促进了日本文明的进程。而汉唐时代,中国人通商并常驻东南亚地区,促进了中国与海外地区的交通及义化交流。这种开放政策到有清一代发生了变化。

对于本国子民远投海外这一问题上,清政府一直持反对立场。1740 年 10 月,荷兰殖民者在印度尼西亚巴达维亚(即雅加达疯狂屠杀华侨,巴达维亚城内数万华人,仅生还 150 余人,惨绝人寰,史称红溪惨案。此事传入国内,朝野震惊。然而清廷对此事却表现冷漠,认为这些海外华人"违旨不听招回,甘心久往之辈,在天朝本应正法,其在外洋生事被害,孽由自取"。可见在此事,海外华侨仍被视为"得而诛之"的天朝叛民,其国籍上不存在任何疑问,华侨保护也无从谈起。

海外华人国籍成为"政治问题"始于晚清。鸦片战争后,中国国门被强行打开,清政府不得不松动立场。1860 年与英国签订的《中英续增条约》第 5 款规定:"戊午年定约互换以后,大清大皇帝允于即日降谕各省督抚大吏,以凡有华民情甘出口,或在英国所属各处,或在外洋别处承工,俱准与英民立约为凭,无论单身或愿携带家属,一并赴通商各口,下英国船只,毫无禁阻。该省大吏亦宜时与大英钦差大臣查照各口地方情形,会定章程,为保全前项华工之意。"①《中法续增条约》之中也有类似条款。此禁一开,契约劳工大规模出现。据统计,19 世纪前 50 年,出国华工总计为 28 万,而 1850 年—1875 年 25 年间,这一数字陡然上升至 132 万,两者相较,年增张为 8 倍。②

然而这些契约劳工出国之后的遭遇十分悲惨。他们主要被卖往东南亚和拉丁美洲,从事最为危险和艰苦的开矿、修路等高强度劳动,生活却极为困苦绝望,被形象地成为"猪仔"。以古巴华工的遭遇为例,据统计从 1847 年到 1874 年陈兰彬赴古巴调查华工案,完成《古巴华工口供清册》的 27 年时间里,有 12 万多华工来到古巴;而 1880 年到驻古巴总领事馆登记的华工仅为 4 万多人,余下

---

① 王铁崖:《中外旧约章汇编(第一册)》,三联书店 1957 年版,第 145 页。
② 陈泽宪:《十九世纪盛行的契约华工制》,载"历史研究",1963 年第 1 期。

8万多人,绝大多数在契约期未满就被折磨死了。陈兰彬有感于古巴华工的悲惨生活,留诗一首"肉破皮穿日夜忙,并无餐饭到饥肠。剩将死后残骸骨,还要烧灰炼白糖。"①海外华工生存状态沦落至此,相关案件层出不穷。

除上述所提及的契约劳工所面临的迫切需求之外,随着海禁的开放,旅居南洋的唐人与国内联系也日益加强,海外华人问题日益凸显。晚清政府此前所秉持的"按之大清律例,入户以籍为定,其变乱版籍者,有治罪专条"的消极态度,显然已经"不合时宜"。②外有列强压迫,内有洋务派求变,清政府不得不改变其不作为的立场,正视起对这一特定人群权利的保护问题。清政府的这一改变,明确地体现在《中美天津条约续增条款(1868)》,即《蒲安臣条约》之中。《蒲安臣条约》在学界评价中,素来毁誉参半、众说纷纭。它为此后契约劳工大规模输出打开了大门,在客观上也起到了清政府签订该约的本意——为与处理与列强之间由于华侨保护产生的问题提供了准则、树立了先例。

对海外华人提供保护,对保护对象的国籍界定是前提,《蒲安臣条约》第5条、第6条就专为国籍问题而设:

"大清国与大美国切念民人前往各国,或愿常住入籍,或随时来往,总听其自便,不得禁阻,为是现在两国人民互相来往,或游历,或贸易,或久居,得以自由,方有利益。两国人民自愿往来居住之外,别有招致之法,均非所准。是以两国注定条例,除彼此自愿往来外,如有美国及中国人将中国人勉强带

---

① 谭江,《哈瓦那纪念碑上的名言》,载"人民日报海外版",2007年2月6日。
② 【清】王彦威,《清季外交史料》,台北文海出版社1999年版,第3175页。

往美国,或运于别国,若中国及美国人勉强将美国人带往中
国,或运于别国,均照例治罪。

美国人民前往中国,或经历各处,或常行居住,中国总须
按照最优之国所得经历、常住之利益,俾美国一体均沾;中国
人民至美国,或经历各处,或常行居住,美国亦必按照相待最
优之国所得经历与常住之利益,俾中国人一体均沾。惟美国
人在中国者,不得因有此条,即特作为中国人民;中国人在美
国者,亦不得因有此条,即特作为美国人民"。①

这两款条约确定了清政府处理海外华人问题的两条原则:其
一,允许海外华人申请入外籍,不过必须基于申请自愿;其二,华人
虽居海外,但清政府仍保留海外华人的侨权,海外华人依旧是"大
清子民"。这两条原则也被写入其后的 1909 年《大清国籍条例》之
中,该条例在第一章"固有籍"中肯定了晚清国籍以"属人主义为
主,属地主义为辅"的原则,即:

"第一条,凡左列人等不论是否生于中国地方均属中国国
籍:(一)生而父为中国人者。(二)生于父死后而父死时为中
国人者。(三)母为中国人而父无可考或无国籍者。

第二条,若父母均无可考或均无国籍而生于中国地方者
亦属中国国籍。其生地并无可考而在中国地方发现之弃
童同。"②

───────────────

① 王铁崖:《中外旧约章汇编(第一册)》,三联书店 1957 年版,第 262 页。
② 《大清国籍条例》。

1912《中华民国国籍法》、1929《中华民国国籍法》也遵循了这一原则，并承认双重国籍。海外华人可以同时拥有侨居国和中华民国国籍，都是中国人，无所谓区别海外华人和华侨。

现有的华人与华侨概念形成于中华人民共和国建立后。建国后基于种种因素，我国立法不再支持双重国籍，如果海外华人选择了加入别国国籍，则自动失去中华人民共和国国籍。区分华侨与海外华人的概念，则成为法律的必然要求。从此，定居在国外的中国公民①被称为华侨；而海外华人则专指加入他国国籍只是祖籍为中国的人，即具有中国血统的外国人。

二、相关研究的进展

对国家图书馆馆藏数目及中国知网检索的数据进行分析，国内学界对于华侨参政及相关法律问题已经取得一定的研究成果，不乏颇有见地的论文，然而对于这一问题的专著却极为少见，多散落在一些华侨相关问题研究的著作中，并有一定数量的资料汇编以支撑研究。

在民国初年，围绕着华侨代议权问题在国内政界和报刊业曾有过一次广泛的探讨，最终华侨选举与被选举权得到了法律认证，并由此引发了学界的关注。刘世木将民国初年华侨取得代议权的始末一一记录，形成了《华侨参政权全案》(1913)一书，全面展示了围绕着华侨代议权的各种博弈过程。而与之相似的还有另一部由上海华侨联合会出版，罗理等人所汇编的《荷属侨胞废约运动》(1927)，该书收录了巴黎和会前后以及 1926—1927 年之间发生的两次荷属侨胞废约运动相关资料，包括几位荷属华侨代表的自述、

---

① 此处定义来自《中华人民共和国归侨侨眷权益保护法》。

演讲以及往来电文,是后世学者研究相关问题的重要参考。此外,由侨务管理机构——侨委会官方出版的《侨务十五年》《侨务二十五年》,则记录了侨委会成立以来华侨社团、投资、教育、侨汇等各方面事务处理的情况,特别是关于华侨社团部分的记录对于研究华侨选举有重要价值。

1949 年以后对于华侨参政问题的研究则在前人基础上更为深入。在论文方面,不断有学者推出自己的研究成果。颜清湟的《清朝鬻官制度与星马华族领导层》(张清江译,载《新加坡华族史论集》)对清政府以捐官拉拢华侨的政策及这一政策对星马地区华族的影响做出了分析,指出捐官成为华侨得以参与国内政治的重要阶梯。

张坚的《民族主义视野下的民国华侨回国参政》("华人华侨历史研究"2004 年第 1 期)则叙述了华侨参政权的取得以及回国参政制度的建立过程,并论证了华侨对近代中国政治现代化的积极影响。

张赛群的《近代华侨国内参政议政权探讨》("八桂侨刊"2006 年第 3 期)则从近代华侨国内参政议政权实现的过程为切入点,指出中国政府对海外侨民政治、经济上的诉求是华侨得以参政的重要原因,也是近代中国政治转型的必然产物。

张盛满的硕士论文《华侨参政权研究》(江西师范大学 2007 年硕士论文)以及论文《华侨参政的法理缺陷——以民初华侨归国参政为例》("重庆科技大学学报(社科版)"2009 年第 12 期)前者对清末以来华侨的政治生态做出了全面论述,并围绕着 1911 年到 1913 年民初临时参议院及第一届国会有关华侨参政的讨论,对华侨参政权的取得做出了全景式阐述。后者则以民初华侨归国参政为基点,论述华侨如何打破法律藩篱和现实困难,取得参政权的过程及原因。

路阳的《民国时期华侨选举制度及实践浅析》("东南亚研究"2015年第2期)以时间为线索,对历次华侨选举的情况及选出的代表个人情况进行分析,并对民国时期华侨选举实践、效果及不足之处加以评析。

在著作方面,关于华侨参政的专著,目前有杨建成的《华侨参政权之研究》,1992年出版于台湾文史哲出版社。该书详细地记录了1912年到2002年之间华侨选举产生的侨居国外的国民代表或委员、各次选举办法及侨民政治参与的情况,内容详实主题凝练,然而却并没有扩及清末以及华侨参政的其他方面。而在华侨参政问题中,华侨与辛亥革命的关系,无疑是学界研究的重点课题。在资料汇编方面,两岸学者都有所建树。台湾方面,蒋永敬的《华侨开国革命史料》(1977)详细收集了以孙中山投身革命以来的轨迹为线索,收集了冯自由、廖平子、陈少白等人以及当时的报刊媒体对世界各地华侨投身革命情况的记载,具有很强的史料价值。而大陆则有中国社科院近代史研究所主编的《华侨与辛亥革命》(2013),收录了冯自由、张永福、温雄飞等革命华侨根据自己亲身经历写成的"回忆录",是研究清末民初华侨参政的重要资料。而围绕这一专题的论著不胜枚举,其中比较有代表性的有澳大利亚学者颜清湟的《星马华人与辛亥革命》以及论文集《海外华侨与辛亥革命》等等。

关于华侨参政的讨论,散见于许多论述有关近代华侨对国家贡献的专著中,如任祥贵、赵红英的《华侨华人与国共关系》,从国共合作的角度切入,对于华侨对于中国近代史的贡献加以分析;任祥贵、李盈慧的《中华民国专题史·华侨与国家建设卷》,则从国家建设的角度入手,对于华侨在中国近代史上各种重大历史事件中所扮演的角色详加论述;李盈慧的《华侨政策与海外民族主义(1912—1949)》则从民国各个时期华侨政策出发,侧重论述华侨与祖国的互动关系,其内容对华侨参政问题页多有涉猎。而相关的资料汇编也是不胜枚举。如台湾出版的,中国国民党中央委员会党史资料编纂委员会编辑的《革命文献》丛书中,第 45 辑《中华革命党史料》、第 46 辑《讨袁史料》、第 64 辑《兴中会革命史料》以及 65/66 两辑《中国同盟会革命史料》中,都可见到与华侨参政有关的内容。

对于华侨政党的研究,也是华侨参政问题研究的重要组成部分。台湾方面,张大谋所著的《孙文博士与中国洪门》(1980),对于孙中山早期革命活动及与华侨政党——致公党前身,即海外洪门的互动进行研究;而大陆方面,由中国致公出版社出版的一系列有关于致公党历史的书籍,如有中国致公党中央官方支持编写的《致公党简史》(2003)等相关著作,则是以华侨政党为单位,对华侨参政相关问题加以论述。

第一章　晚清时期的华侨参政

第一节　晚清政府与华侨参政

在获得合法的"国民身份"后，如何更好地参与祖国的政治生活经济建设，加强与祖国之间的联系，成为了许多爱国华侨的希冀。而他们的想法与努力，也与晚清政府的需求"不谋而合"。一批爱国华侨通过"捐官"的方式，成为了晚清官吏体制中的一员，或归国参政投入国内政治运动；或在海外以外交人员身份为侨居地的同胞服务。

一、晚清捐官制度与华侨

同治五年（1866 年），户部整合重修筹饷事例所办成案和条例，并奉同治谕无限期延长捐纳事宜。然而与清政府的愿望背道而驰的，则是广大士绅阶层对报捐毫无热忱。清政府不得不另辟蹊径，而华侨商人也进入了清政府的视野。捐纳制度向华侨打开的大门，也为在外漂泊备受打压的广大华侨提供了"报效祖国"以及"缙升仕途"的途径。清政府与华侨互相需要，也开启了华侨参政的篇章。

所谓的捐纳,是从秦汉时代就已出现的一种选官制度。由朝廷制订事例列明条目,定价公开出售官爵,使"吏得入谷补官""民得入粟补吏"。① 有清一代也概莫能外。从顺治初年的"纳粟入监"开始,康、雍、乾几朝或为筹集军饷(如康熙十三年平吴三桂打造战船)而开捐、或为治水赈灾(如乾隆七年为赈济长江中下游水灾)而开捐,都有例可循。这种捐纳有即时性及针对性的特征,《清史稿》对此也有认证"捐例不外赈荒、河工、军需三者,曰暂行事例,期满或事竣即停。"②而到了晚清时代,扑灭太平天国起义、发展洋务运动、振兴民族工商业、建立新式军队乃至战争赔款等等,无不需要大量经费支撑,而经济实力雄厚的华侨自然也进入了晚清政府的视野。在卖官鬻爵方面,清政府与华侨形成了一个互补的"供应"与"需求"链条。

从晚清政府的角度而言,华侨拥有资金与技术优势,是充裕国库和发展国家经济的重要助力。给予华侨一定的政治地位与资源,既能与当时国际通行的侨务惯例接轨,又能集聚华侨人心向祖国,是一举数得的好事。具体表现为:

第一,集捐纾困,增加财政收入,缓解社会矛盾。

太平天国起义,兴办洋务,战争赔款……晚清时期政府财政负累重重,千疮百孔。为了解决巨大的财政缺口,清政府不得不祭出"卖官鬻爵"之法。1851 年,为了应付镇压太平天国的军费开支,咸丰效法道光朝办法,重开捐纳。本来核定一年为期,然而随着太平天国风生水起,不得不持续下去。到 1866 年便成为常例。

虽然清政府开出"优惠"条件,然而国内士绅捐纳行动却并不

---

① 《汉书·食货志》。

② 《清史稿》卷 122。

踊跃。清政府为了广开财路,只好折价卖官。先是减折二成,继而减折三成、四成,乃至五成,甚而"不及定额之半"。在清政府的"促销"举措以及经年累月的捐纳推进下,国内迅速积累了一批捐官,他们汇入了军功、荫袭、保举等方式形成的官僚"预备军"中,使得"官多如鲫"①,官缺寥寥却是候补成群。以江苏为例,同治末年,江苏道员出缺可补不过二三个位置,府、州、县、同(知)、通(判)可由外补之缺亦不过数十人;而此时社会上有资格的候补道员就有六七十人,有资格候补府、州、县、同、通约有一千余人。"夫以千余人补数十员之缺,已遥遥无期,即循资按格而求署事,亦非数十年不能得一缺"。② 通过捐纳买官到手却不能上任,更有通过科举考试"正途"晋身的官员需要安排"上岗",造成了士绅阶层内部矛盾重重。

相对于国内士绅,卖官给华侨则要"轻省"得多。相比经过太平天国起义与列强入侵,导致自身经济实力下降的国内士绅,华侨富商不仅坐拥大批的财富,更急于提高自身的政治地位,获取祖国与乡党的认同。他们对于捐纳有更高的意愿,而他们多年定居并扎根侨居地,即使捐纳,也未必肯再次"离乡背井"谋求实缺。清政府既可以攫取华侨的财富,又不需要确实"授官",华侨捐纳无疑具有最高的"投资回报率"。

1877年,清政府第一个驻外领事馆在新加坡成立,1879年,李鸿章上书光绪皇帝,在这封《南洋劝捐请奖折》③中,他肯定了南洋华侨在"筹赈丁戊奇荒"过程中做出的贡献,并指出在国内各地"捐务已成弩末."的情况下,应该把目光投向"华商颇众"的南洋地区。

---

① 陈夔龙:《梦蕉亭杂记》,北京古籍出版社1982年版,第37页。
② 《皇朝经世文编续编》卷二二。
③ 《李鸿章全集》,安徽出版社2008年版,第1409—1410页。

使侨居地"捐生闻风而起",为捐纳创造新的增长点。1887 年,张之洞也建言清政府向华侨广开捐纳,一则以换取足够的资金维持新加坡及吕宋领事馆的正常运作,二则可以购买军舰填充海防。同年,《海防事例捐输章程》被刊载在新加坡《叻报》上,向新马华侨广而告之。而华侨买官不在仅限于与清政府官员有相对私密的联系渠道的个别侨领,至此公开化。

新马地区华侨对于捐纳热情很高,新加坡客家帮下属嘉应系有多人响应捐纳,仅以嘉应系应和会馆"重建碑记"的捐款名录所记载,就有监生 13 人,贡生 6 人。按照晚清时期内地捐纳部门"明码标价",捐监金额为二十到四十两银不等①,而从监生再捐贡生,则要再捐超过 100 两②。而在星马地区,捐监的价格则相对较高,为 38 两。③ 与之并列的福建帮也不少富商踊跃捐纳——漳州侨领章芳琳自 1869 年出资"慷慨献捐福建省防务基金"购买道元衔后,便一直致力参加"捐纳"活动。1881 年捐二品封典、1889 年捐一品封典,不仅为自己买官衔,还为 11 个儿子捐买了官衔。④ 天福宫大董事陈笃生购买道台衔,而他的儿子继任天福宫的大董事陈金钟也捐买了候选道官衔。其他地区的华侨富商也纷纷参与捐纳,1902 年,印度尼西亚华侨张榕轩为筹建武备学堂捐银 8 万两,被授予四品京堂候补;1903 年,侨商张振勋向清政府捐款 20 万,获得三品京堂候补。根据学者颜清湟的统计,从 1877 年到 1912

---

　　①　根据现存的捐生执照,光绪二年,26 岁的正定人王廷珍以 23 两 4 钱捐监;而光绪二十五年,59 岁的山东人虞哲臣捐银 34 两 2 钱捐监。

　　②　根据现存贡生执照,道光二十八年尤溪县监生池凌云,同治二年尤溪县监生池心印两人都是捐纳 144 两银,从监生晋身为贡生。

　　③　颜清湟:《清朝鬻官制度与星马华族领导层》,张清江译,载颜清湟:《海外华人史研究》,新加坡亚洲研究学会 1992 年版,第 8 页。

　　④　王伟:《晚清政府对新加坡的新华侨政策》,"高校教育研究"2009 年第 3 期。

年间,星马地区就有 291 名华侨捐官。[1]

华侨向晚清政府的大笔捐纳,以新加坡为例,截止 1890 年,仅以华侨捐纳所得,不仅支持了领事馆十三年的正常运营,还支援了国内各省赈捐海防捐数十万金。

只是对于穷途末路的晚清政府,华侨捐纳的资金再多,也不过是杯水车薪。而通过捐纳晋身的华侨人才,对推动中国近代民族资本的兴起,起到了重要的贡献。

第二,借重华侨学习西学的便利,填补外交和洋务等方面的人才缺口。

在晚清时期,相较于华侨的捐资,华侨人才对国家和社会的贡献更加不可或缺。尤其是洋务运动开展以来,晚清政府对于有西学背景人才的需求有了质的提升。从 1872 年起,清政府分批次派遣留学生出国学习,而相对于国内的官员与士绅,华侨中的有识之士们与外国列强的接触更早也更多,对西学的了解也更深更"切身",他们有眼光、有热情也有财富,能够"师夷长技以制夷",正是晚清政府急需的人才。

清政府对华侨的"使用"主要集中在外交和洋务两个方面。在外交方面,任命华侨为驻外领事,负责处理侨务事宜;在洋务方面,开出"加官晋爵"的"优厚"条件,邀请海外华侨归国投资,发展近代工商业。

1877 年,在驻英公使郭嵩焘的倡议下,中国历史上第一个领事馆在新加坡设立。而第一任领事并非国内派员,而是委任了新加坡侨领胡璇泽为首任领事。此前胡璇泽已经捐了道台在身。而

---

[1] 颜清湟:《清朝鬻官制度与星马华族领导层》,张清江译,载颜清湟:《海外华人史研究》,新加坡亚洲研究学会 1992 年版,第 8 页。

在其后的历任驻新加坡领事中,张振勋(弼士)、吴寿珍等人也是侨领。

而这种情况也非新加坡特例,在槟榔屿,有张榕轩(煜南)、谢春生、梁碧如等侨领出任过槟榔屿副领事(直至民国,槟城副领事也一直都由客家帮侨领担任);陈谦善、陈纲等出任过小吕宋总领事;梅伯显、王殿章等侨商出任过美洲各地领事。这些领事也为晚清的外交做出了一定贡献。

而吸引华侨与侨资回国兴办实业,更是清政府的迫切需求。侨商不仅有在海外打拼多年累积的资金,也有与西学"亲密接触"后学来的技术,这些对于国内洋务运动无疑具有极强的借鉴意义。

事实上,清政府对华侨的"示好"的确"卓有成效"。华侨"投桃报李",对于中国近代工商业,特别是两广福建等侨乡社会经济发展做出了重要的贡献。相对国内"候补"官员,华侨对"洋务"更为熟悉,有先天的优势可以介入其中。以中国历史上第一条商办铁路——潮汕铁路为例,从铁路修建计划的提出到斥资修建,都是由侨商完成。

1903 年,被清廷委任为粤汉铁路和广东佛山铁路总办的华侨巨商张振勋,邀请了曾在他手下工作的侨领张榕轩回国,洽谈兴办铁路事宜。张榕轩积极响应,并向清廷提出修建潮汕铁路的计划以及公司成立章程,推进铁路修建工作。

这条铁路共耗资 302 万银元,张榕轩及其弟张耀轩各投资 100 万银元,与张氏兄弟同乡(梅州)华侨富商谢梦池和旅台湾的厦门籍人林丽生等共认股投资 95 万银元,不足之数张氏兄弟一力补齐。潮汕铁路修建 3 年并于 1906 年实现通车,直至 1939 年被日本侵略军炸毁,共营运了 33 年。

为这条铁路做出决定性贡献的三个人——张振勋、张榕轩及张耀轩都是华侨。张氏兄弟是捐官道台，而张振勋在晚清官场则更为显耀。他曾在东南亚出任领事官，更因为兴办企业贡献卓越，在国内出任实官。清政府给了他许多"赐衔"——包括有头品顶戴、太仆寺卿、侍郎、考察商务大臣等。

从华侨的角度而言，提升自身社会地位乃至获得国内政治的话语权，也有莫大的好处。不仅可以促进护侨，也能够满足华侨在侨居地很难获得的满足的参与政治的需求。

第一，实现华侨的自身身份认同。相对于一般国民而言，华侨是"特殊群体"。他们定居海外，其中很多人于侨居国而言，"生于斯长于斯"，却"正朔服色，仍守华风"①。从血缘要和文化认同上，他们始终是"华"非"夷"。因此在清政府开"捐纳"时，华侨们多有响应。如薛福成所言：

"近年各省筹赈筹防，（华侨）多捐巨款，竞邀封衔翎顶以志荣幸。"②

这些华侨之所以愿意捐款，正是因为他们认同自己"华人"身份；而纳捐反过来又增强了华侨的身份认同。在其后的清政府与英国政府、荷兰政府关于华侨国籍问题的谈判中，这部分华侨也都站在了祖国的一边，并为维护自己的国籍献计献策，对清政府《大清国籍条例》的制定产生了影响。

1908 年，中荷就荷属印尼华侨的国籍归属问题又展开了新一轮的外交磋商，双方不约而同以国内立法为筹码进行谈判，因此制定一部成文国籍法成为海内外华侨，特别是印尼华侨的迫切需求。

---

① 薛福成：《致总理衙门总办论豁除海禁招徕华民书》，载马忠文、任青编：《中国近代思想家文库·薛福成卷》，中国人民大学出版社 2014 年版，第 303 页。

② 薛福成：《请豁除海禁招徕华民疏》，载马忠文、任青编：《中国近代思想家文库·薛福成卷》，中国人民大学出版社 2014 年版，第 305 页。

印尼华侨团体对此非常关注,吧城中华商会风闻荷兰当局准备颁行以属地主义为原则的国籍法时,于当年 10 月致函清政府农工商部要求对策。11 月,驻荷公使陆征祥在致洒水中华总商会函中回应华侨们的担心,指出:"一国国民,必有一国之国籍。国籍之出入,必有法律以规定之。故各国国民,虽迁徙自由,亦恒不愿轻弃其乡,与轻弃其籍。""近闻彼国令中欲定新律,拟将南洋各侨久居彼岛不归本国者,分别收入殖地民籍。此虽不专指华侨而言,而我侨实居多数,即与我有密切关系。我国宪政编查馆暨修律大臣,本在商订国籍法,谅不日必可颁行。"①

华商会虽得到回复,然而始终担忧会被殖民政府强迫入籍。12 月 8 日,印尼各界华侨在泗水集会"群策群力"。大会致电清农工商部、外务部、驻荷公使、南洋大臣和两广总督等,表达了"保侨局、全国体"的意愿:

> "侨情惶恐,集洒会议。除遵札开导大众。并遵王参赞(清驻荷兰使馆参赞王广沂)谕办国籍调查事外,吁请速设领事,速颁国籍法,并采血统主义,并拒绝和人运动,设法制之于先……"

此外,荷属印尼各地华人商务总会也联名致函外务部、农工商部以及驻荷公使,提出"速设领事以资保护也"的护侨主张。并建议:

---

① 袁丁:《大清国籍条例——中国第一部国籍法的产生》,载"八桂侨史"1992 年第 4 期。

　　"国籍法必请采取血统主义者,盖以血统为重,无论去国几百年,距国几万里,凡为其国人之血系,即皆永为本国之民。此尤不但关系和属华侨,即统世界人口计,华人最占多数;统中华全国计,外人之侨居中间者,万万不能当中国人侨居他国之数,且入我籍者尤少其人。采此主义,则所有本国人皆受范围于其内,此外绝少不利益之处,实于国家大有关系。故请速颁国籍法,而国籍法必采血统主义也。"

　　各地商会代表还议决 10 项对策,其中包括"临时和平抵制"及"暂停贸易"等。①

　　收到华侨建言的农工商大臣溥颋在向宣统皇帝的上奏中提到了这次集会,并据此建议从速颁布国籍法:

　　"……初由国会议准华侨入籍之案,近复拟订新律,凡久居彼属者,皆收入殖地民籍。华侨自闻此议,函电纷驰,互相奔告,联络各埠商民,开会集议,共筹对待之策。现据呈称,请速定国籍法,以资抵制等情到部……"②

　　华侨们的"通风报信"与"强烈呼吁",使得清政府一改此前在国籍立法方面拖沓延宕的态度,赶在荷兰政府之前出台了《大清国籍条例》,为华侨国籍归属提供法律依据。

　　第二,促进清政府护侨。自清朝立国以来,一直严格奉行海

---

① 袁丁:《大清国籍条例——中国第一部国籍法的产生》,载"八桂侨史"1992 年第 4 期。

② 袁丁:《大清国籍条例——中国第一部国籍法的产生》,载"八桂侨史"1992 年第 4 期。

禁。康熙年间为了防止逃逸海外的反清复明势力渗透,清政府对于擅自出海的臣民"以通贼论斩"。发生红溪惨案时,乾隆朝上下对遇难华侨漠不关心;甚至到了1858年《天津条约》签订之时,美国全权大使杜邦建议直隶总督谭廷襄应该保护"中国人在美国开金矿致福者"时,谭廷襄仍带着"天朝大国"的优越感回应:"天朝皇帝富有万物,何必计此锱铢。"①

随着与列强交往的增多以及华侨"回归"所带来的"好处"日益凸显,清政府才逐渐正视起"护侨"的课题。关于华侨保护的条款在各种双边条约中得到了体现。1842年《南京条约》提出了"华侨除罪化"以及华侨保护:

"第一条……所属华英人民彼此友睦,各住他国者必受该国保佑身家全安。

第九条凡系中国人,前在英人所据之邑居住者,或与英人有来往者,或有跟随及俟候英国官人者,均由皇帝俯降御旨,誊录天下,恩准全然免罪;且凡系中国人,为英国事被拿监禁受难者,亦加恩释放。"②

根据《南京条约》,凡在英属殖民地的"出洋之人",不必再遭受"解回正法"或是"甘心异域不得回籍"的放逐待遇,而是被一概除罪,并获得保护。

1875年,郭嵩焘被任命为清政府首位驻外公使——驻英公使。1877年,清政府在新加坡设立领事馆,领事馆负有华侨保护

---

① 庄国土:《晚清政府争取华侨经济的措施及其成效》,载"南洋问题研究"1984年第4期。

② 《南京条约》。

之责。领事馆设立的倡议者郭嵩焘在其上书中提到领事馆设立的两个考虑，其中之一就是"保护侨民"。①

1893 年，光绪皇帝批准薛福成的奏请，"良善商民，无论在洋久暂，婚娶生息，一概准由出使大臣或领事官给与护照，任其回国治生置业。并听其随时经商出洋。"②

1909 年，《大清国籍条例》颁布，为海外华侨的国籍归属问题提供法理界定。华侨至此"妾身终明"，最终完成从实际操作直至法理上废除海禁令以及解除华侨"自弃王化"的"盗贼"身份，承认华侨也是大清国民的一分子。

在对海外华侨进行保护外，清政府也着手改善归侨境遇。华侨久居海外疏远故土，加之清政府之前的法律与政策对华侨的排斥，使得许多华侨视归国如畏途。薛福成就曾在"致总理衙门总办论豁除海禁招徕华民书"中提到过华侨归国的窘境：

> "惟筹及归计，皆蹙额相告。以为官长之查究，胥吏之侵扰，宗党邻里之讹索，种种贻累，不可胜言。凡挟赀回国之人，有指为逋盗者，有斥为通番者，有谓为偷运军火。接济海盗者，有谓其贩卖猪仔、要结洋匪者，有强取其箱箧、肆行瓜分者；有拆毁其屋宇、不许建造者；有伪造积年契券、籍索逋欠者。海外羁氓，孤行孑立，一遭诬陷，控诉无门，因是不欲归国……"③

---

① 《新嘉坡设立领事片》，载《使臣纪程——郭嵩焘集》，辽宁人民出版社 1994 年版，第 133—134 页。

② 朱寿鹏编：《光绪朝东华录》，第三册，第 3244 页。

③ 薛福成：《致总理衙门总办论豁除海禁招徕华民书》，载马忠文、任青编：《中国近代思想家文库·薛福成卷》，中国人民大学出版社 2014 年版，第 305 页。

甚至有许多华侨因此加入外籍。驻日公使杨枢在给外务部的报告中就曾提到过这种情形：

> "外洋各埠华商,近年改入洋籍者逐渐增多。访查其故,或因积有资财,恐被本籍绅民寻事勒索;或因往来货物,恐被各处关卡籍端留难,遂改入洋籍以冀外人保护。此等风气实于国体、民情、商务均有关碍。"①

面对这样的情况,清政府出台政令,要求"沿海各省于海外华民贸易回籍时,设法保护,不准关津胥吏及地方莠民藉端苛扰。"②此后,清政府成立商部吸引侨资,又几次发布上谕,要求各省督抚和相关部门切实保护归侨权益不受侵犯。地方政府,尤其是华侨最多的福建、广东两地的地方政府也积极予以回应,先后成立保商局具体处理归侨有关事务。

保商局是由福建地方首创,具有半官方性质的侨务机构,成立于 1899 年。时任闽浙总督的许应骙上奏清廷,在厦门设立保商局,具体负责归侨返乡事务,但有归侨回籍,到该局报名,由保商局照料返乡,以避免归侨在返乡过程中受到欺诈盘剥,也可以处理不肖胥吏乡民欺扰归侨的事件。福建设立保商局的做法得到了清廷的认同,并下令沿海各省比照福建保商局章程,推广筹办。1900年,广东学而习之,首在省城设立保商总局,处理归侨事务,甚至连华侨护照及出入境事宜,也须保商局出具保结,权力颇大。

在法律方面,清政府并未出台一部专门的归侨保护法,但是在

---

①　袁丁:《大清国籍条例——中国第一部国籍法的产生》,载"八桂侨史"1992 年第 4 期。

②　载朱寿朋编:《光绪朝东华录(四)》,中华书局 1958 年版,第 4430 页。

地方则已有章程。1904 年,在民族工商业较为发达,归侨人数也较多的江苏省,出台了一部《商民回华保护章程》。该章程重申回华商民系中国之人,一切应照中国律法,由地方官一例保护。归侨遭遇霸凌,可向地方衙门控诉或向商务局呈告。归侨应缴纳的国家赋税厘捐有法律明文规定,只需照章缴纳,不受其他盘剥。归国华侨一旦回国,应向地方州县注册并上报个人基本信息,完报的归侨由商务局给予保护文凭,以兹证明。①

第三,满足华侨参与政治的需求。

受中国传统文化的影响,广大华侨也有"学成文武艺,货与帝王家"的政治理想。他们渴望通过参与政治提升社会地位和影响力,以维护自身的各项权益。一直以来,华侨参政的愿望都无法得到实现,在国内他们是"盗贼"的身份;而在侨居地,一旦华人取得就业或经济上的优势地位,反而让他们的政治境遇更加恶劣。

因为无论在欧美或是在南洋澳洲诸殖民地,对于当地人或是殖民政府而言,"非我族类"的华人生活于彼,在就业机会与经济情势上与他们产生竞争,对于他们的经济利益是巨大的威胁。华人不得不应对"排华"之苦,根本无从获得所谓的"参政机会"与"政治认同"。

以加拿大为例,在华人到加之初,华人是有选举权的。然而随着排华风起云涌,华人选举权很快被剥夺了。以 1875 年卑诗省获英女王批准取消华人地方选举权的法律为开端,加拿大其他地区也都陆续取消华人地方选举权。而到了 1920 年,华人的联邦选举权也被剥夺——联邦政府立法规定没有资格在市或省内投票的

---

① 《商民回华保护章程》载"东方杂志",1904 年第 5 期。

人,也不准参加联邦政府的竞选和投票。① 即使已经归化,成为
"华族"——加拿大的少数族裔之一的在籍华人,也没有选举权,成
为政治上的"孤儿"。

　　而在列强的殖民地,华人也被排除在政治之外。即使华侨占
据了经济上的优势地位,可这种优势依旧无法转化为政治上的优
势,反而备受歧视。黄竞初先生对于南洋华侨的政治地位有过很
清晰的描述:

　　　　"南洋各属地的法律,是有多种的。对白人是一种,对土
　　人是一种,对黄种人——中国人又是一种……尤其是荷属地,
　　他那边的法律,定欧洲人和日本人为一等民族,土人为二等民
　　族,华人与阿拉伯人为三等民族。"②

　　法律地位上的"三等民族",在政治上也无法有发言权。以菲
律宾为例,根据美国学者罗斯尔顿·海登的观察:

　　　　"在菲律宾的中国迁民恐有 125000 人,此外侨生者恐有
　　750000 人。这些人占有 70%—80% 的零售商及大部分的各
　　岛间的商业。近来他们的人数及势力有迅速的增长……四分
　　之三的商业信用是在他们的手中。在主要产米区内,靠他们
　　的金融来经营米业,磨米和运销是他们的职业……他们的投
　　资总数,有人估计为美金 1 亿元,或等于美国在华投资总额的

---

　　①　黎全恩,丁果,贾葆蘅著:《加拿大华侨移民史(1858—1966)》,人民出版社
2013 年版,第 578 页。
　　②　黄竞初:《南洋华侨》,载李文海主编:《民国时期社会调查丛编·华侨卷》,福
建教育出版社 2014 年版,第 150 页。

一半……"①

　　然而与华侨经济实力日益壮大形成对照的,是殖民者的仇视态度。无论是在西班牙统治时期,还是美国统治时期,华侨都是殖民者的"心头大患"。

　　从 16 世纪西班牙殖民菲律宾开始,殖民者苛待华侨,使得双方关系一直相对紧张。1593 年更爆发了华侨潘和五等人刺杀菲律宾总督的事件。此后华侨起义与西班牙殖民当局屠杀华侨的事件时有发生。1766 年,西班牙国王发布针对菲律宾华侨的驱逐性法令,其法令具有很强的针对性和歧视性,其主要内容包括:

　　第一,驱逐华侨。西班牙殖民者将矛头对准那些"在英国占领马尼拉期间犯有'暴行'的华人基督徒",将他们全部驱逐出菲律宾,他们的财产则充公处理。

　　第二,限制华侨的生计及从事行业。华侨被禁止经商。凡是留下的华人,都只能从事农业和手工业,"开荒种地"。

　　第三,划定华侨居住区,限制华侨迁徙自由。凡是留下的华人,都被"圈养"到"指定"的、"适当"的区域和村镇。除非经过西班牙殖民政府的批准,不得离开他们限制居住的村镇。②

　　西班牙殖民政府对华侨的打压以及对华侨经济的限制,无疑是自毁长城。菲律宾经济遭受重创,陷入萧条,1778 年便宣告撤销了。华侨依然在居住、旅行以及从业方面被严格控制。1804 年的一项禁令要求"只有从事农业和手工业的华侨"能留居菲律宾,

---

　　①　R. Hayden,China,Japan and the Philippines,Foreign Affairs Vol. 11, No. 4 (Jul. ,1933)。

　　②　黄滋生、何思兵:《菲律宾华侨史》,广东省高等教育出版社 1987 年版,第 196—197 页。

只有与菲律宾人结婚的华侨才能从事商业活动。其余华侨店主必须离开马尼拉前往各省耕种区进行农作,不得离开。1840 年代起,殖民政府方才允许华人入籍,归化西班牙籍。殖民政府开出的入籍条件非常苛刻,要求在菲定居多年,品行良好,且有六名殖民官员推荐,此外入籍华人必须受洗——成为基督教徒。

殖民政府"因人设法",对华人进行疯狂打压。在立法与司法实践中,都落实华侨"三等公民"的地位。根据殖民政府颁布的法律,如触犯相同的法律,华侨要被处以比其他人种居民更重的刑罚。如果案件涉及的双方是华侨和土人,华侨几乎都被判有罪。"华人与土人争,无论曲直,罚充苦工;土人戕杀华人,不过监禁。"殖民政府还出台专门针对华侨的法律,把华侨上街不穿衬衫,没有清洗前院,把大车停放在公共场所,在大车上睡觉等等甚至称不上"治安违法"的行为,都列为犯罪,交付所谓专门审理华人"轻罪"的专门法庭——"华人法庭"初步调查审理。[1] 华侨被这样打压,根本谈不上所谓政治地位。

1898 年美国取代西班牙的统治后,华人的境遇也未见改善。作为"排华法案"的肇始,美国军政府成立才及一月,就已经做好继续打压华侨的准备。时任总督奥蒂斯宣布将美国本土的《排华法案》引入菲律宾实施,是所谓《奥蒂斯法令》。规定曾居留在菲律宾岛的,身体状况健康的旧华侨才能登岛上岸,不接受新移民。如果是在 1895 年 12 月 31 日到 1898 年 12 月 26 日之间离境的,可凭借一整套辨识程序证明身份后,从马尼拉、怡朗和宿务三口岸重新入境。随着时间的推进,这种辨识程序日益严苛。最初的证明文

---

[1]   黄滋生、何思兵:《菲律宾华侨史》,广东省高等教育出版社 1987 年版,第223 页。

件要求为"持有包括在华人离开群岛时,美国领事馆发给的离境港口的证件的一系列证明";1900 年 4 月 27 日后,则要求华侨入境必须出示"能够充分证明其真实性的西班牙统治期间正式签发的人头税单和财产证明"以及通过证实其身份为前居民的考核。①

美国殖民当局拒绝华人入境菲律宾,显然与中美在 1868 年签订的《中美续增条约》(《蒲安臣条约》)允诺双方人民往来自由的精神背道而驰②。驻美大使伍廷芳从 1899 年 2 月起,便提出与美国国务院交涉。然而美方含混不理,借口说这是一项暂时的军事命令。军政府的排华政策被 1900 年成立的,隶属美国陆军部的"民治政府"继承下来,并且"发扬光大"。1901 年 4 月,殖民当局再次升级了华人入境菲律宾苛政,华侨入境菲律宾时,"原先在离开群岛时华人为能够合法返回而领取的一张印有指纹的居留证被要求附加两张照片"。③

1902 年,不顾清政府的抗议,罗斯福签署了《排华法案》将菲律宾也纳入其中。规定旧有排华法案继续在美国及殖民地实施的同时,还特别规定了所有在美(包括殖民地)居留的中国华工都必须依法办理居住证明以获得在居住地的合法居留权,否则一经查出,一律依法驱逐出境。排华令也在菲律宾适用,具体情况由"菲律宾岛屿由菲律宾委员会保障该法令的实施,由该委员会制定必要规章制度,包括办理居住证明的程序及相关内容,详尽解释居住证明的获取条例",使该条例不会与其他美国殖民地所实行的政策

---

① 庄国土、陈华岳:《菲律宾华人通史》,厦门大学出版社 2012 年版,第 289 页。
② 根据该条约第六条,"美国人民前往中国或经历各处,常行居住于中国,总须按照相待最优之国所得经历常住之利益,俾美国人一体均沾,中国人至美国亦然。"载黄月波:《中外条约汇编》,商务印书馆 1935 年版,第 131 页。
③ 庄国土、陈华岳:《菲律宾华人通史》,厦门大学出版社 2012 年版,第 289 页。

有所出入。

为了《排华法案》的实施,菲律宾委员会在 1903 年 3 月制定了《七零二号法案》,该法案规定只有"旧（富）、教、官"这三类身份的华侨才能取得进入菲律宾群岛的入境证：

"一、凡属过去在菲居留的商人及劳工,及现时在菲经营商业的华人眷属,可按移民律请求入境；

二、华人男女教员、学生及专门技术人员,预先申请,并获政府批准者,准予入境。

三、中国政府派遣来菲的外交官、商务官等官员及其眷属。"[①]

而不在其列的"无证"华侨,则统统被视为华工,根据 1894 年中美《限制来美华工保护离美华人条约》被逮捕并递解出境。这项政策基本上断绝了新华工进入菲律宾"讨生活"的途径。1904 年,为期十年的《限制来美华工保护离美华人条约》期满,然而排华法案却被无限期延长了。华侨的困窘境地解决无期,提高自身政治地位根本无从谈起。

而即使考虑到政治需求的满足,华侨祖国和自身的文化认同也更让他们倾向于背靠祖国,而非侨居地取得政治地位。菲律宾华人反对排华所进行的"抵抗运动",也与祖国同步。他们响应了 1905 年肇端于国内的"抵制美货运动",以马尼拉华侨团体中华商会出面,采取国民外交的方式,针对菲律宾海关和移民当局虐待入境华侨和移民苛律两个方面进行交涉和抗争。采取"外交"的方式,显然华侨的祖国认同还是中国。

---

① 黄滋生、何思兵：《菲律宾华侨史》,广东省高等教育出版社 1987 年版,第 364—365 页。

与菲律宾相似的情况也发生在荷属东印度地区。根据殖民当局 1854 年颁布的法律,荷印地区的居民被划分为 4 个等级,分别为欧洲人、荷兰后裔、和欧洲同等待遇者及和原住民同等待遇者,华侨属于第四等级。

关于华侨的国籍问题,殖民当局与清政府几度交锋。殖民当局意图将华侨划为荷印籍,然而在殖民地各种法律中,却对华侨各种歧视苛待。1906 年新颁布的荷印宪法中,华侨被排在欧洲人、原住民之后,列为第三等级。荷印地区社会生活的各个方面都采取等级差序,华人即使富有,也无从享受更好的公共设施与服务,还要忍受各种匪夷所思的歧视规定。如华侨只能穿唐装而不能穿西装;只能讲印尼语或中文,不能使用荷兰语。直到 1889 年,华侨富商黄仲涵向殖民当局提出申请,华人才第一次获准穿西装。殖民当局还明令华人不能担任政府公务人员和官吏。华人想要提高自身的社会地位,只有一条路可行,就是向当局申请成为"法律上的欧洲人"。成为"法律上的欧洲人"的条件颇为苛刻。根据统计,1893 年,爪哇有华侨 248484 人,其中满足条件的华侨为 28 人,[①]比例将将为万分之一。

从主客观各种条件来看,东印度地区的华侨参与侨居国政治几乎是不可能实现的任务。

与侨居地各种苛政相比,之前一直奉行把华侨当作"弃民"的清政府反而为华侨开启了一条上升通道。为了谋求王朝永续,清政府争取华侨内附,为国家发展贡献力量。1902 年,清政府颁布法令,鼓励华侨归国投资矿业;1908 年,清政府颁布《华商办理实

---

① 李学民、黄昆章:《印尼华侨史(古代至 1949)》,广东教育出版社 2005 年版,第 301 页。

业爵赏章程》,对于在国内兴办心新式企业的华侨,以投资额投资规模等为标准,给予华侨封爵。投资资本额在 2000 万元以上的,可以请封一等子爵;资本额 100 万以上也有五品官衔。

而华侨中的著名侨领甚至得授实官,真正参与到国家经济和政治生活中去。

以槟城锡矿大王胡国廉为例,1907 年,他接受了考察南洋商务大臣杨士琦的招揽,决定归国进行"全面开发海南岛的计划"。清政府授予他三品卿衔。在此前的 1904 年,他已经通过张振勋的引荐,投入到清政府的海外华文学校建设的行动中。他还曾捐巨款赈灾,得到了花翎盐运使的虚衔。

1906 年,陈宝琛到南洋各埠为福建铁路招股,胡国廉成为了最大股东。1907 年,他募集了 200 万元股,筹办福建安溪县矿务。他回国后不仅被清政府任命为琼崖垦矿总理,还被福建士绅 145 人公推给农工商部,成为福建矿务总公司总理。

二、华侨涉足晚清官场

在捐纳为自己谋得官身的一众华侨士绅之中,有个别侨以此为阶梯,以清政府驻外领事的身份,成为晚清官僚体系中的一员。如在槟榔屿,就有客家帮侨领出任领事官的传统;而在新加坡,则有张振勋、吴寿珍等华侨出任新加坡总领事。张振勋与吴寿珍都是典型的心系中华的爱国侨领,在出任总领事之后,张与吴两人走上了不同的道路。

吴寿珍是新加坡移民第二代,是新加坡华商企业安和号的掌舵人。吴寿珍热心慈善,主持了新加坡首个华人医院的募捐活动并捐款 4000 银元,为安徽水旱灾情捐款 4000 银元,获得两江总督曾国荃颁赠的"乐善为怀"匾额。他在 1888—1890 年三年之间三次纳捐,分别捐官知府、道台以及盐运使。通过这些捐款行为,吴寿珍也为清政府所知。

1898 年,吴寿珍加入保良局。保良局是殖民地政府华民政务司下属的半官方单位,其主要职责是拯救那些从中国被诱拐到殖民地陷为妓女的女性。保良局的成员都是在当地有号召力的侨领,吴寿珍位列其中,足见他在华侨社会中的影响力。

1902 年,清政府以吴寿珍"行道有德"赐给知府官衔,被赏戴花翎,成为清政府驻新加坡总领事官,这一年他还为自己捐得花翎三品衔。他出任领事官时间不过四个月,显然是过渡性质的任命。吴寿珍能够成为领事,是与他有着良好私交的前任总领事官罗忠饶大力推荐的。不过清政府同意任命他,也与他在新加坡华侨中的领袖地位,以及此前的诸多慈善举动以及大方捐纳为他塑造的"良好形象"有关。

他在总领事任内,所做的最主要"贡献"就是复兴孔教。吴寿珍崇尚儒学,本就是以宣扬儒家传统价值观为主旨的乐善社的热情参与者。

1902 年 2 月与 3 月间,他两次在新加坡同济医院召集闽粤侨领开会,商讨如何落实"孔庙学堂"的建设行动。一向各自为政的闽帮、粤帮、潮帮侨领济济一堂,支持康梁维新主张的林文庆、邱菽园等人也参与其中。众人打破隔阂,同心戮力,复兴孔教成为了新加坡华侨的"最大公约数"。吴寿珍以新加坡总领事的官方身份主持,无疑增加了兴建孔庙学堂一事的公信力。他本人带头捐款6000 元叻币,邱菽园以自己父亲邱正忠的名义捐款 12000 元,向"福建花翎道衔"林志义也捐款 12000 元。第二次会议当场题捐的总额就达到 42000 元。

在他的呼吁下,选出了一个融合帮派以及政治歧见的 195 人的董事会,包含了新加坡总领事官吴寿珍、维新派支持者邱菽园、林文庆;闽帮侨领陈武烈、刘金榜、吴夑甫、吴翼鼎、张善庆和林秉祥,粤帮侨领陆佑、林维芳、黄亚福,潮帮侨领张永福、曾兆南、张顺善等人,众人按照方言帮派组成小组逐户募捐,筹款总额达到了20万元。

虽然因为这次复兴孔教的运动在当年9月戛然而止,孔庙学堂并未最终修建。但是这次活动使原本因"乡党认同"而割据的新加坡华侨社会融合在统一的"文化认同"与"国家认同"之下,为此后新加坡中华总商会提供了经验。

在卸下领事官的职务后,吴寿珍并没有再求实官,不过他依旧与清廷保持联系。1905年,他承办了惠陵以及正阳门、隆恩殿采购木料有关事宜,因此被清廷再次封赏,为他钦加二品顶戴布政使衔。①

吴寿珍将自己的主要精力放在经营家业,以及参赞祖国与华侨公共事务中去,闪尽身为侨领应尽之责。1905年,张振勋以南洋商务大臣的身份来到新加坡,吴与张两次会面。在会面中,张振勋鼓励新加坡侨商开设商会组织,认为商会可以"不但使商情联洽,声气相通,且商权可由此而兴;商权既兴,则诸事易于措办",并提出捐资3000叻币。这个倡议得到了吴秀珍的积极响应。

吴秀珍主持了商会筹备工作,召集闽粤潮各帮侨领开会共商大事。"坡中闽潮粤客琼籍诸人"结成商会团体,对外可以抱成一团,依托清政府改善华侨在国内的境遇;对内则可搭建调解纠纷,合作共赢的平台。新加坡中华商务总会于1906年成立,并获得了

---

① 福建省诏安县方志编纂委员会:《诏安县志》,方志出版社1999年版,第1110页。

新加坡当局以及清政府两方承认批准。总商会五十二名职员由各帮分别选出,然后再从中选出总理、协理、议员等工作人员。吴秀珍被推选为第一届总理、第二届副总理及第三届总理。

作为领事馆的"外围组织",商会每每负责接待清廷代表来访,在本地招股投资国内实业,为赈济中国灾情发动募捐。1906 年 9 月,新加坡商务总会公举代理商代理江苏省商办铁路好股事宜,吴寿珍的安和号位列榜首;11 月福建铁路公司到新加坡招股,安和号也在其列。①

吴寿珍热心办学,他是新加坡新式学堂道南学校的倡办者以及总理之一,他为该校捐款 1200 元,并担任正监督。他在 1909 年成为学校的正总理。道南学校是第一批向暨南学校输送侨生归国读书的学堂,直到他 1909 年过世,他一直在商会和学堂中承担着重要工作。清政府对他给予高度评价,追赠他"光禄寺少卿"。

在清廷充任实官时间虽短,对于吴秀珍而言却是非常重要的一段经历,不但增强了他的家国观,也确立了他在闽帮华侨,乃至新加坡华侨中的威信和超然地位。

与吴秀珍倾力经营侨居地华侨社会不同,张振勋则布局更大,他与清政府的联系更加紧密和主动,也涉入更深。他是在祖国获得最高官衔的华侨,不仅曾在侨居地担任外交官,还在国内充任实官。他在国内开设实业,规划和投资铁路,以南洋大臣的身份为清政府在东南亚华侨中招商,最终成为晚清最后一任太仆寺卿,是清政府洋务活动的重要践行者和投资人。

张振勋与清政府的最初联系发生在 19 世纪 80 年代初,1880

---

① 见于《总商会公举代理商办苏省铁路招股各员广告》,载于"叻报"1906 年 9 月 5 日;《商办福建铁路有限公司新加坡招股广告》,载于"叻报"1906 年 12 月 20 日。

年,轮船招商局派遣官员到新加坡招商,张振勋积极响应,投资3600两白银。轮船招商局是盛宣怀主持,通过这次投资,张振勋与他日后的伯乐盛宣怀第一次发生了联系。

也是在同一时期,他向清政府捐纳"知府衔",取得了进入晚清官场必需的"出身"。张振勋乐善好捐不落人后,1889年,他因江皖赈务获得了两江总督曾国荃颁发的"义昭推解"的匾额,类似的匾额在南洋共颁发了十五面。1891年,他为直隶水灾捐款,上了李鸿章请功的名单。通过类似的活动,张振勋的名字为清政府高官所知,并留下了良好的印象。

1891年,张振勋上书盛宣怀,建议在印尼设领保护侨民,与盛宣怀建立了直接联系。他向盛介绍了华侨受到荷兰、西班牙殖民者虐待的情形。而后盛怀宣邀请他前往烟台面谈,"商办矿务、铁路事宜"。这也成为张振勋日后深度参与晚清政府铁路修建的缘起,也正是因为有张振勋的引领,海外侨商纷纷投资铁路事业,与张振勋亲近的侨商如张榕轩兄弟还亲自策划和参与了铁路修建。张振勋还选择了烟台成为他著名的张裕葡萄酒公司的所在地,此后张裕也成为著名的民族品牌。

张振勋建议在印尼设领保护侨民之事,受到了盛怀宣的重视。他为此上书李鸿章,并向李鸿章提到了张振勋,称他"在该国经商多年,极有体面,揆之闻俗问禁之义,彼于荷国政治人情揣摩熟习,必胜于暂时派往查探之人。"①然而盛宣怀与荷兰殖民者的交涉成效不大,荷兰人全盘否定了在印尼设领的要求。不过张振勋的种种努力却被李鸿章、盛怀宣等人看在眼里。

1893年,槟榔屿设立副领事,时任新加坡总领事黄遵宪推荐

---

① 夏东元:《盛宣怀年谱长编(上)》,上海交通大学出版社2004年版,第325页。

了张振勋担任这个职位，槟榔屿副领事在南洋外交官体系里，是仅次于新加坡总领事的职位。张振勋之所以能够担任这个职位，与他在与清政府官员们交往过程中表现出的能力以及在当地华侨中的影响力是分不开的。而以槟榔屿副领事为起点，张振勋也走上了他的为国服官之路。

1893 年，张振勋被任命为槟榔屿副领事，以张为副领事，实则多方考虑、众望所归。于清政府而言，不希望多设立一个副领事职务会增加太多财务负担，但又要求副领事能够了解社情，有能力与殖民政府交涉并保护侨民。在当地侨领中选拔，是比从国内调派更为适宜的处置方式。而于被委任选才的新任新加坡总领事黄遵宪而言，他需要在对当地侨情还不熟悉的情况下，找到一个足可信赖并足以适任的人物。张振勋无疑是一个适当的人选。他虽然发迹于荷属东印度，但是在马来亚地区也拥有不少产业。而他在此前表现出来的，无论是对设立领事的热心、经营事业的能力、在清廷的人脉，在侨居地的名望以及对祖国的感情，他都是首屈一指。他又是南洋地区为数不多的、拥有清政府较高官衔的华侨，无论从身份还是能力上，都是非常适任的人选。他的经历足以清政府将他塑造成一个"爱国则仕"的典型，为清政府在华侨中赢得更大的好感，也方便他为清政府拉拢更多的侨商襄助清政府发展各项现代实业。

张振勋充任槟榔屿副领事时间未久，1894 年 11 月，黄遵宪被调回国，新加坡总领事出缺，清廷着时任驻英公使龚照瑷改派。龚照瑷向清廷推荐了张振勋"暂委代理"，这个人选也得到了英国外交部的认可。龚照瑷认为成为新加坡总领事应该具备两个条件——"华洋信洽，操守清廉"，张振勋显然符合这个标准。张振勋转任新加坡总领事官后，推举了自己的亲信张榕轩充任槟榔屿副领事,直到清朝覆灭,这个职位也一直在张振勋所属的乡缘——客籍侨领中传承。

张振勋在槟榔屿副领事及代理新加坡总领事期间,也为当地做过许多实事。1895年,他带领张耀轩、谢荣光等五名侨商在槟城白鹤山建极乐寺,他本人为此捐款35000元。极乐寺是马来西亚最大的佛寺,至今仍是游览胜地。

在新加坡总领事期间,他接待往来的清政府官员,并积极发动捐赈活动。1896年1月,他被委派劝办直隶劝捐;1897年他为槟城义学堂校舍重建捐款1400元。

对于张振勋的"外交官"生涯,他的好友郑官应给予了极高评价:

> "公初膺槟榔屿领事也,实心任事,安抚侨民,听断廉明,兴利除害,华洋至今称道之。迨迁星加波,辖地愈广,治法益繁,公性慈祥,尤复精细,听讼务尽其辞,反复开导,从无抑勒,两造情甘。凡有利于侨民者竭力振兴,有害于地方者实心除革,恩威并济,洁己奉公,星埠乃繁盛之区,五方杂处,侨民省分不一,易启猜疑,君开诚报公,化除畛域,悉以是非为衡,莫不秉公办理,华洋口碑载道,无有异辞。君之善政感人深矣。"①

张振勋的"同署新加坡总领事"的官职履历一直到1899年,不过从1896年起,他的政治发展重心已经转向国内。是年芦汉铁路

---

① 郑官应:《张弼士君生平事略》,载韩信夫、杨德昌主编:《张弼士研究专辑》,社会科学文献出版社2009年版,第67—68页。

的筹建进入关键时期,为了筹措资金,盛宣怀想到了张振勋,"内地华商力微,难集巨款",不如以张"充一总董,责成外埠招商"。① 李鸿章采纳了盛宣怀的主张,着令龚照瑗将张振勋调回国内,与盛宣怀一起募投资、办银行、修铁路。张振勋于9月回国。

对芦汉铁路在南洋集资的前景,张振勋并不看好,卢沟桥与汉口对于出身东南沿海的华侨而言,是非常遥远的地方,相较之下,他们更关心自己的家乡。他也向盛怀宣提出了这一点,盛怀宣在给王文韶和张之洞的电文中提到张振勋代表的华侨们的意愿:

> "张振勋到沪面称,南洋各埠及粤港华商,均以西北铁路不愿入股,无法招徕,如准其将来带造九龙至广州、佛山、梧州等处,方能招股……"②

虽然对芦汉铁路前景不甚看好,张振勋还是倾力投入到铁路筹办活动中。他发动自己的人脉,请热心家乡公益、在当地颇有名望的槟榔屿华人甲必丹郑景贵出面,在槟榔屿为铁路招商。而他自己成为了铁路总公司的总董,以及为铁路筹办的中国第一家银行——中国通商银行的八名总董之一。他的名字位列八名总董之首,足见盛宣怀对他的倚重。

张振勋对兴办银行之事非常重视。他在南洋经商的过程中,常与西人银行打交道,对于现代银行的了解多于一般官员。他总

---

① 相关论述见于《张之洞致王文韶电(1896年8月2日)》、《盛宣怀致王文韶电(1896年7月31日)》,载韩信夫、杨德昌主编:《张弼士研究专辑》,社会科学文献出版社2009年版,第198页、第199页。

② 《盛宣怀致王文韶、张之洞电(1896年9月10日)》,载韩信夫、杨德昌主编:《张弼士研究专辑》,社会科学文献出版社2009年版,第200页。

结考察南洋各地荷兰、英国殖民者开办银行的经验,写成《张振勋拟呈银行条议》,提出四条建议,为银行的成立出谋划策。

张振勋在商言商,提出银行管理者能力的重要性,"银行能否得利,全在乎管事当手之得人。"银行管理者必须"除去官场气习",使用熟悉商务的人。他提出银行用人应该使用"华人总管",而管事则可"兼用西人"在银行界有过管理工作经验且素有名望者。这样的人在与他国银行沟通时比较方便,而使用华人总管则可监督。无论是华人总管还是西人管事都应签订明确的用人合同。而银行具体筹办时,可变通采取轮船招商局曾用之法,分期招股。至于"股票买卖听其自由,及存借各款利息多寡"则可按照汇丰银行的章程。他还就银票票额,兑换以及防伪办法提出成熟的建议,并提出铸造和发行银元的办法。

他的许多建议得到采纳,体现在《中国通商银行大概章程》之中。如章程第三条有关于用人标准的规定中,就提到了张振勋所建议的"尽除官场习气,俱遵商务规矩"。第六条关于招股方法中,也采纳了张所建议的规银 500 万两,分作 5 万股,每股 100 两分三期付款的办法。甚至上海总行的大班也使用了曾在汇丰银行工作的英人美得伦。

而在通商银行招商过程中,他也出钱出力。他个人就认股 2000 股,出资 10 万两白银,在私人股中以他为出资最高;他在南洋为银行招股也获得了成功,他领命在南洋招 2000 股的任务很快得以完成。①

国内银行、铁路事项百废待举、颇为繁重,这也让张振勋很难

---

① 盛宣怀在与中国通商银行的通电中提到"张弼士来电,二千股已招齐……",见于谢俊美编:《中国通商银行——盛宣怀档案资料选辑之五》,上海人民出版社 2000 年版,第 539 页。

同时履行新加坡总领事的责任。1897 年,驻英公使从龚照瑗换成了罗丰禄。后者对张振勋"身在其位却不谋其政"无法接受,要求撤掉他领事的职位。盛宣怀表示强烈反对,认为在这时把张振勋这个"招股第一要紧人"撤职,会动摇华侨巨股们的信心,严重不利于芦汉铁路的招商筹建工作。李鸿章采纳了盛怀宣的建议,最终下令让张振勋保留职位。1898 年,张振勋又被调去承办粤汉铁路事宜,然而他的"人事关系"却依旧保留为新加坡总领事官,直到1899 年 5 月罗忠尧接任。

1898 年 6 月到 7 月间,盛宣怀调张振勋前往广东,成为粤汉铁路广东段的总办,主管购地事宜。盛宣怀为粤汉铁路定下了"购料办工可动用洋款,惟购地必须用自己款"的基调,张振勋主持了粤汉铁路的招股事宜。在购地的过程中,张与作风粗暴的美方工程师斡旋,并为面临拆迁的普通百姓争取权益。在施工的美方与百姓因为毁坏农田发生纠纷时,张及时出面定纷止争,并给予百姓赔偿。① 张振勋为铁路修建在广东做了详细的调研,发现省河堤岸是"铁路必经之地",必须由铁路公司承筑。为此他致信总署,从虎视眈眈的美国意大利两国领事手中取得了河堤修筑权。却因修筑河堤所涉利益重大盘根错节,引来众官商关切争夺,最终难有收效。

倡办铁路是艰辛之事,深谙粤汉铁路修建的来龙去脉,参与向美国收回粤汉铁路修筑权的后任粤汉铁路副总办梁庆桂对张振勋在修建粤汉铁路中所做的贡献给予了高度评价。

---

① 关于张振勋在粤汉铁路总办任上所作所为,接任他职务的好友郑官应多有记叙。见郑官应:《上督办粤汉铁路盛宫保论粤路及购地事》,转自魏明枢:《张振勋与晚清铁路》,华南理工大学出版社 2009 年版,第 56 页。

　　"张侍郎弼士,上承朝旨,下恤民艰,拟建粤汉铁路,以接轨芦汉,统宇合之全局,规中原之大势,管枢楚越,控制东南,恢乎大观也。太常寺少卿盛公,表其才于朝,使总其事。侍郎于是借洋款,招商股,联络中外,姁姁集事,可谓能矣。"①

　　1902 年 11 月,清廷有了设立商部的计划;同年底,因受到戴鸿慈保举,慈禧下令召见张振勋。1903 年 3 月,张振勋北上觐见慈禧与光绪帝,粤汉铁路广东总办之职由他的好友郑官应接任。

　　张振勋这次被召见,有着特殊的背景,1903 年 3 月,清廷再次下召各省督抚切实保护华侨,以拉拢华侨引进侨资。而为路矿总局筹办学堂而捐巨资 20 万两的"爱国华侨"张振勋恰逢其会,成了清政府表达对华侨"恩赏"态度的最好典型。清政府决定对张振勋委以重任。1903 年 6 月,清廷发布上谕:"召见道员张振勋得旨,著以三品京堂候补,并赏加侍郎衔,俟设立商部后交商部大臣差遣委用。"

　　商业对张振勋而言驾轻就熟,他抓住了这次机会,向清廷呈上了他的精心之作,最能代表他的经济思想的《张弼士侍郎奏陈振兴商务条议》。这份条议从 12 个方面入手,对如何振兴和发展民族工商业提出了详尽而中肯的建议,颇具有可操作性,充分体现了张振勋作为当时最成功的华侨商人的实干主义精神。

　　在第一部分"农工路矿宜招商承办议"中,张振勋简要阐述了兴办农工路矿的重要性。他指出近些年来,因为庚子赔款以及列强对华贸易的巨大顺差导致了中国财力耗弱,已到了"危急存亡"

---

① 梁庆桂:《倡办铁路启》,载韩信夫、杨德昌主编:《张弼士研究专辑》,社会科学文献出版社 2009 年版,第 209 页。

之时。而挽救这岌岌可危的局面,唯有振兴商务。而振兴商务,则必须开办农工路矿。因为"商务之战,必寓商于农,寓商于工,寓商于路矿,而后可。"为了实现振兴商务的目标,则必须设立商部统筹全局。只有商部与商民相须为用,商务与实体产业——农工路矿形成一个良性循环的体系,才能在商战中取得胜利。在张振勋看来,中国地大物博,拥有绝佳的先天条件。发展农工路矿,必须因地制宜,发展山利和水利。

在第二部分到第四部分,张振勋着重阐述如何获得"山利"。在"招商兴垦山利议"中,他提到兴山利必须杜绝官民抛荒,无人承垦的局面。他建议对官荒和民荒的状况做彻底调查,凡系民荒,必须在三个月内承报商官,由官方验明红契状况,"注明册籍,限期开垦";如只有白契,则一概充做官荒对外招商,由商办公司"承包"视情况开矿或种植。

在第三部分"兴垦山利种植议"中,张振勋将"种植"界定为"收效久远"的实业,而且相对矿务而言,种植成本较低,能非常方便地"随人随地而为"。种植的关键在于考察水土,因地制宜,教导民众适合的作物;更可大力发展出口导向,在中国却被视为"弃物"的作物,以应商战之需。

在第四部分"兴垦山利矿务议"中,张振勋指出发展"收效大、见效快"却"需巨本"的矿业是非常有必要的。他分析了中国矿业不兴的原因,认为物质条件不足的问题,如"师匠未精、资本不继、汽机未备"都不难解决;中国矿业之难,在于"士绅阻挠、办理无力、保护不力"。他非常有远见的指出矿业开垦不能让外国资本介入,宁可借债不可合股,以避免丧失开采自主权。他建议开办矿务要先设商官、定商律,并在开采过程中,注意"均利"——使官、商、民三方都能从矿业中获利。而均利最好的办法,就是为矿业制定较为灵活松动的税制。

第五部分与第六部分,张振勋着重阐述兴办农田水利的重要以及发展方式。在第五部分"招商兴办水利议"中,他指出农田水利是"天下大利",国家存续的根基。只有兴办水利才能最大程度对抗天灾,稳定民心,工商业才有发展的底气。兴修水利投入巨大,"无款可筹",因此必须"寓商于农"。由清廷明令地方将所有"旱涝无备、水利未兴"的农田土地登记备案,然后组织招商设立公司,凑股承办,兴修水利工程。商官要履行自己的职责,协助公司与业主"测量绘图、开筑工程";保护水利工程免收不法侵害。商务部还应制定相关律例,对兴修水利开发农田的优秀商贾按照其所作贡献进行表彰。

第六部分"已垦未垦均宜筹办水利议"中,张振勋对中国当时农田开发状况进行了分析,指出东南地区与西北地区兴修水利应区别执行——东南地区着重已垦之田,西北则在于未垦之田。东南已垦之田的水利应注意协调业主与佃人关系,使他们利益均沾;西北未垦之田应顺水利工程之势而为,开发河堤两岸等地创收。

第七部分"招商设立贷耕公司议"中,针对民生多艰,谷价高昂的现状,建议明订商律,鼓励民间设立专门针对贫苦农民的低息贷耕公司,"商官注册保护",一应借贷凭证"改用印花纸",由公司制定本公司的借贷规则。一则使富人不致担心无法收回本金而拒绝借贷,盘活藏银;二则使得穷苦百姓不至于担心利息过高而不敢借贷。

第八部分"招商兴办工艺募工役议"中,张振勋建议发展"百工"。与农、商"非资本不能为"相比,工不需要太高成本投入,就能使百姓自食其力。他从"工艺"与"工役"两方面入手,在"工艺"方面,可举办比赛,奖励发明,保护专利;在"工役"方面,则该善订招工条例,为用工单位与工人制定行为准则,将人力投入到农工路矿各种活动中去。以使百姓能在国内谋生养家,不需要海外求存,甚至流离为寇。

第九部分"招商兴办铁轨支路议"中,张振勋指出只有修路才能运输商品,只有商品流转才能兴商,所以"兴商务必兴铁路"。当时"现有"的铁路数量远远不及商业所需,必须修建大量铁路支路。如果这些支路统归于已有的铁路总公司办理,则总公司负累太重,因此应拉动民间资本的积极性,招商承办,"兴各商之力,兴各处之路"。官营总公司负责主干铁路,民营公司负责支线铁路。他认为不仅是铁路,公路的修建也非常重要,城乡铁路应"通饬修整",才能繁荣商业。

第十部分"招徕外埠商民议"中,张振勋建议出台优惠政策,奖励海外华人资本回国投资。他认为海外华侨归国往往被乡里排挤,遭遇各种恶劣待遇,这是华侨不得不入籍外国,成为"外国之奴隶"的原因。华侨商人与外国商人打交道经验丰富,且资本雄厚,正是清政府招商所需对象。清政府应责令地方官以及驻外领事给予华侨商民以及华侨资本更得力的保护,对承办商务的商人,一如英国封赏"太平绅士",给予虚衔顶戴等荣誉以示鼓励。

第十一部分,"全度量衡圜法宜归划一议"中,张振勋针对"各省所用银钱,式样各殊、平色不一"的状况,建议由中央建立铸造银币总厂,规划统一的银式,可在上海设局,推行中国自己的银元,并从"完纳钱粮、关税、厘捐"等公款入手,推广新式银钱的使用,最终革除银制不同的弊端。而其他的"凡权度量衡诸制"也应在全国范围内使用同一标准。中央有关机关"颁行定式",所有各省承造工匠"按式制造发行",对于违背样式的予以追究。

第十二部分,"增各省商官议"中,张振勋对商部的设立及运作提出了详尽规划与建议。他认为中国商务不成的原因是即使清政府有心保护商务,却因"无人与政以为保护"而无法落到实处。因此要振兴商务,就必须设置商部,任命商官,制定商律。对于商官的设置,他建议在中央设商部,在地方则设按察。商部仿照外交部体制,设尚书侍郎等官职,"总理邦国之商政,部设分司六,曰地宝司,理矿;曰梯航司,理铁路、轮船、电线、邮政;曰教稼司,理农田水利、山利种植;曰惠工司,理百工技艺;曰鼓铸司,理制造银圆、铜圆;曰会计司,理权度量衡,稽征各口岸百货出入之数。"在地方则建立从商务大臣、商按察、商同知以及商巡检四级商官体制。设立商务大臣约二三,驻在商务繁盛的口岸,总理各省商政;各省则设置商按察,以道员以上充之;各府厅州县有可兴商处,则设商同知,以各省候补同通州县担任;商巡检则是基层商官,转管其所辖各市商政。商部与商务大臣互为表里,建立地方商官垂直领导监督体系,切实保护商民。他还特别建议商官应"先洗去一切官场习气",拒绝居高临下,树立某种"服务意识"。①

张振勋的这篇"条议",以自身实际经验出发,为中国经济的发展和商务环境的改善提出了可操作性的建议。他认为"商"是中国经济发展的症结所在,是农工路矿诸产业发展的驱动力,必须振兴商务全力发展民族经济,才能对抗列强的经济侵略,挽救岌岌可危的晚清政府。他对晚清时期中国穷途末路的处境充满焦虑,愿意为改变现状贡献心力,显现出极强的家国认同感与爱国主义精神。

这份条议上呈后,很快得到了清政府的回应,着令授命修订商律为筹建商部做前期工作的载振、伍廷芳等人"妥议具奏"。在唐

---

① 引文自张振勋:《张弼士侍郎奏陈振兴商务条议》,载韩信夫、杨德昌主编:《张弼士研究专辑》,社会科学文献出版社 2009 年版,第 1—17 页。

文治代载振拟就的《议复张振勋条陈商务折》中,对张振勋的建议予以高度评价,颇多采纳。对张振勋所提"农工商三者并重"以及设立商部紧迫性的论述尤为赞赏,清廷"先有商律再办商部"的既定方针,为之更改为"应请先行特简大员开办商部,俾大纲既立,条目秩如,庶几应办诸事,可以次第举行"。而对于张振勋振兴农工商的十二条办法,唐文治也认为有颇多可行之处,主要有:

"原奏第一条,农工路矿宜招商承办一节,准如所议。设立农务、工艺、铁路、矿物各公司,隶于商部,广集商股,次第开办。第二条,招商兴垦山利一节,议由商部设立公司,先在直隶试办。第三条,兴垦山利种栽一节,议由公司辨别各省土性所宜,广行种栽,一俟奉天、吉林交回后,分设公司,先就两省试办。第四条,兴垦山利矿务一节,议归矿务公司切实兴办,至一切矿章立案应遵上年七月初九谕旨,俟议定章程再行载入商律。第五条,招商兴垦水利。第六条,已垦未垦均宜筹办水利一节,亦均议设立公司,先在直隶试办。第七条,招商设立贷耕公司一节,恐启奸商垄断重利盘剥之弊,毋庸再议。第八条,招商兴办工艺、雇募工役一节,议设工艺公司于京师,先行招商开办。第九条,招商兴办铁轨支路一节,议设铁路公司承办。第十条,招徕外洋华商一节,议将注册保护及控诉等事,统归商部及商务大臣办理。第十一条,权度量衡圜法宜规划一节,请由整顿圜法王大臣妥议,俟商部设立后,酌中定议,奏明办理。第十二条,请设商部员额及各省商债一节,除商部各员及公司名目应俟简派大臣再行酌核外,各省设官,官多权分,转嫌窒碍,毋庸再议。"[1]

张振勋条议被北洋官报局刊印发行,并分三日连载在报纸《日日新闻》上,为张振勋本人的社会影响力扩大起到了一定作用,由

---

[1]　陆阳著:《唐文治年谱》,生活・读书・新知三联书店 2013 年版,第 69 页。

此奠定了张振勋在新设立的商部中的地位,也深刻影响了晚清经济新政的发展方向。

如张振勋在《商务条议》中建议允许民办资本成立铁路公司,就对晚清铁路的修建起到了积极促进作用,1903 年冬商部所颁布的《铁路简明章程》中,提到了允许华洋官商均可禀请开办铁路,"华人请办铁路,如系独立资本只五十万两以上,查明路工实有成效者,由本部专折请旨给予优赏"等,表明了支持民办铁路之意。在张振勋的游说下,爪哇华侨张煜南、张鸿南兄弟于 1904 年投资修建潮汕铁路,成为了华侨资本修建铁路的范例。

清廷原本对张振勋的设定是"爱国华侨的旗帜",张振勋能够"言之有物,切中肯綮",也是一种锦上添花。1904 年 3 月,清廷再次召回张振勋,参与"整顿商务"。

张振勋对清廷给他的定位也是心知肚明,在 1904 年 10 月 21 日,他上呈的《张振勋招徕华商振兴商务奏折》中,他开篇便提到自己是"以招徕华商振兴商务为命"的。但是他也很清楚,招徕海外侨商回国投资,存在着一定困难。虽然中国地大物博,但是清政府的旧有政策导向是排斥华侨的,对于追逐利润的商人而言,有敌意的政策导向以及不友好的投资环境无疑是经商大忌。为此,他建议循序渐进,先以"乡谊"激发华侨投资意愿——"外埠华商,籍属闽广者,十人而九";且闽广两地也有地理优势,"闽、广之距外埠,轮船往还,一水可达"。商务从闽、广两地入手,"选一要地"为试点,"筑路一段,开矿一区,垦种工艺、创办一二事为程式",待出现成效后,再引导华侨投资承办其他项目,由南而及北渐次扩张,是上上之策。①

---

① 引文自张振勋:《张振勋招徕华商振兴商务奏折》,载韩信夫、杨德昌主编:《张弼士研究专辑》,社会科学文献出版社 2009 年版,第 18—19 页。

在这份条议上呈五天之后,清廷采纳了他的建议,在商部的推荐下,给予了他这项任命。"以太仆寺少卿候补三品京堂张振勋为太仆寺卿,并充商部考察外埠商务大臣,督办闽广农工路矿事宜"。① 晚些时候,又被任命为槟榔屿管学大臣。

1904 年 11 月,张振勋在广东设立农工路矿总公司。在发布在上海《时报》上的"接待所布告"中,他表达了整顿"籍端讹索"乱像,护侨护商的立场的决心。他还与华侨戴春荣一起捐资成立了槟城第一所华语学校——中华学校,为学校获得了光绪皇帝颁赏的"声教暨南"匾额及《图书集成》一部,展现了对海外华侨教育的关怀。

1905 年 8 月,他以"商务大臣"的身份,赴南洋"考察商务",并在槟榔屿中华学校主持挂匾藏书仪式,宣讲在华侨中推行华文教育及传统教育的重要性。他促成了新加坡商务会的设立,并被推举为总董。

他也非常认真地旅行了"督办闽广农工路矿事宜"的职责,1904 年,他连续开办了几家官督公司——在广州设广厦铁路有限公司、闽广农工路矿总公司,在厦门设农工矿务公司。1905 年,他以商贾身份向广东投资数百万两白银创办民族企业,包括广东金矿公司、广州亚通织造公司,惠州福兴玻璃公司,佛山裕益砂砖公司,海丰平海福裕盐田公司,雷州普生火犁垦牧公司等等。他还领导了与澳门葡萄牙总督"交涉废除广澳铁路旧约、收回自办"的活动,并被推举为广澳铁路督办;捐田地 80 亩,热心资助广东劝业道陈望曾与留美农学博士唐有恒等筹办农林试验场等等。

近代中国危机深重,清政府为了救亡图存不得不改革自身,而

---

① 《清实录·德宗实录》第五十九册,中华书局 1987 年版,第 125 页。

张振勋恰逢其会,成为了时代弄潮儿。对自身血脉与文化的认同以及爱国热情,参与政治以及提升自己地位的强烈愿望,让他以实际行动投入到促进民族工商业发展,以实业救中国的潮流中去。虽然受到清廷实权人物一定程度上的肯定,然而他的努力四处碰壁,他的挽救杯水车薪。他在南洋的投资蒸蒸日上,在国内却鲜有受益。这显然并非他个人能力有限,而是晚清的政治制度与时长环境根本无法供给民族工业——甚至正常的商业活动所需的土壤。只有根本性的变革,才能挽救中国。

第二节　百日维新与华侨

除了与清政府的洋务派们合作,华侨也关注国内政治舞台上的各种风起云涌。以康梁为代表的改良派的百日维新运动,也引起了华侨们的注意。有个别华侨亲历其事,"深度参与"。而在戊戌变法失败后的十数年中,康有为流亡海外鼓吹保皇,也在华侨之中引发了强烈反响,激发了华侨参与国内政治的热情。

一、个别华侨参与百日维新

之所以有个别华侨得以参与百日维新,实则是一场"恰逢其会"。1895 年,清政府在甲午海战中惨败于日本,并签订了《马关条约》,康有为联合各省应试举子"公车上书"。其中就有黄乃裳、邱菽园二人。

黄乃裳是新加坡华侨,他携子进京参与科举考试,与康、梁等人结识,并投身维新变法运动中去。他参与了公车上书,并对变法事业颇为热心,还曾创办报纸宣传变法思想。戊戌变法失败后,他也因此入案,1899 年秋远走新加坡,成为了一名华侨。此后他加入了同盟会,成为了一名"革命党"。

与黄乃裳不同,邱菽园在投身维新运动前,就是一名华侨。他6岁到新加坡生活,其后又回国读书并投身科举。1895年他进京赶考,恰逢甲午海战战败,参与上书反对割让台湾的活动。回到新加坡后,他依然热心国内政治局势,呼应国内维新运动,并于1898年创办了维新派海外报纸——《天南新报》。他还曾捐款25万叻币资助保皇党领导的汉口起义。康有为流亡到南洋,曾借住在他的家中。邱菽园还出资帮助康有为在南洋进行保皇党宣传活动。

在参与维新变法的华侨之中,还有一位重要人物容闳。容闳自幼在澳门马礼逊学堂接受教育,1850年他考进美国耶鲁大学,1852年入美国国籍,1854年成为中国历史上第一位耶鲁毕业生。容闳虽然加入美国国籍,但是他依然心系祖国,不改"以西方之学术,灌输于中国"的理想,回国报效。他受到曾国藩的赏识,创办了著名的近代军工机构——江南制造局。

在甲午海战失败后,容闳毅然加入了维新派的阵营,他的家也成为了"维新党领袖之会议场"。容闳对维新变法参与颇深,以至于维新变法失败后,他受到了清政府通缉,不得不逃到海外。1899年3月,他作为康有为的书记和翻译,与康一同从横滨前往加拿大。

由于地缘关系,就算有对国内政治抱有极大热情的华侨,也很难参与到维新变法中去。直到变法失败,康梁等人不得不流亡海外,华侨才进入他们的视野。

二、华侨参与保皇团体

戊戌变法失败后,国内政治形势发生变化。康、梁等维新派骨干不得不流亡海外保全自身,以图"卷土重来"。维新派打着"保皇救国"的旗号,转化为"保皇党"。他们依托海外华人社会,开展各种保皇活动。他们集会演讲,大力宣传,在华侨中掀起热情参政的波澜。

在游说日本、英国政府支持他们"保皇"失败后,保皇党们不得不蛰伏海外,一边在海外华侨中传播保皇维新的思想,一边积蓄力量等待国内政治形势变换,寻求"反击"的机会。

1899 年 7 月,康有为会同加拿大爱国华侨李福基、徐为经以及冯秀石等,在维多利亚市召开保皇会成立大会。根据《保皇会草略章程》,保皇会有非常明确的政治目的——"保中国,保皇帝复位"。①

10 月,温哥华及新威斯敏斯特等地也陆续成立保皇会。华侨热情踊跃,纷纷加入。维多利亚共有 5000 名华侨、新威斯敏斯特则有 1000 名华侨,全部加入保皇会;温哥华 4000 名华侨中有半数入会;蒙特利尔、多伦多及渥太华的 3300 名华侨也有半数以上入会。②

随着保皇党人在世界各地的活动,在华侨聚居的城市中,保皇会纷纷成立。1899 年,美国的波特兰、西雅图、旧金山、波士顿等地华侨成立保皇会;1900 年 10 月,梁启超游历澳洲宣传维新思想,并在当地推动保皇会,到翌年 4 月半年时间中,澳洲各地成立了保皇会组织 10 余处;1903 年,梁启超还曾应美国华侨邀请,"巡游"美国各地,协助当地华侨成立保皇会分会。根据学者统计,截止 1903 年,仅在美洲各地的保皇会分支数目,就有 103 个之多。

---

① 康有为:《保皇会草略章程》,载上海文物保管委员会编:《康有为与保皇会》,上海人民出版社 1982 年版,第 264 页。

② 任贵祥、李盈慧:《中华民国专题史·华侨与国家建设卷》,南京大学出版社 2015 年版,第 21 页。

保皇会多组织于美国,辐射向加拿大、中美、南美各地,足见华侨对于国内政治的热情以及变法强国的渴望。

美洲各地保皇会统计表①(截止 1903 年)

序号	总会名称	分支数量
1	加拿大温哥华总会	12
2	(美国西北)波特兰总会	26
3	(美国西部)旧金山总会	6
4	(美国东部)纽约总会	6
5	(美国中部)芝加哥总会	13
6	(美国南部)新奥尔良总会	4
7	(美国北部)海伦娜(阿肯色州)总会	12
8	(墨西哥)托雷翁总会	9
9	(中美洲)巴拿马总会	4
10	(南美洲)秘鲁总会	3
11	(夏威夷)火奴鲁鲁总会	8
总计	11	103

1900 年,康有为位躲避清政府追杀,辗转到达东南亚。在邱菽园等人的帮助下,他也在东南亚开展了保皇宣传。随后在华侨人数最多的新加坡、吧城两地都成立了保皇会。"地方上一切有资历的人,都入其范围"。② 在东南亚华侨中造成了很大影响。1906年,全世界范围内的保皇会组织已达 170 之数。

保皇会在海外华侨中宣扬维新思想,主要的活动方式包括集会演讲、创办报馆、集股筹款兴办商务以及兴办学校等等。

①　任贵祥、李盈慧:《中华民国专题史・华侨与国家建设卷》,南京大学出版社2015 年版,第 24 页。

②　笃彬:《华侨书报社史略》,载暨南大学南洋美洲文化事业部编:《南洋研究》第三卷第三期(1930 年),第 122 页。

　　集会宣传是保皇党使用得最为顺畅的"宣传武器"。康有为、梁启超两人都是饱学之士,而且又出身侨乡广东,不仅与海外华侨有天然亲近的乡缘,而且可以用方言演讲。海外华侨的政治热情就是通过他们一次次富有技巧与激情的演讲而点燃的。1899 年 4 月,康有为初到加拿大,就在温哥华"开讲",他的演讲吸引了 1300 名华侨与外国人前来聆听,从此拉开了保皇党海外活动的序幕。

　　梁启超也是个非常有说服力的演讲者。1903 年,他受旧金山保皇会的邀请到美游历,期间演讲不断。他的每次演讲都获得了华侨的热烈回应,从当年 6 月开始,他在美国各地不间断地进行演讲宣传,所到之处有保皇会的保皇会随之规模扩张,没有保皇会的则建立保皇会。当他结束游历回到旧金山,竟在义群英戏院连续演讲 19 天。声势之胜可见一斑。

　　除了康、梁等人,一些当地华侨也在接受了维新思想后加入到宣传演讲的阵营之中,通过集会演讲,广大华侨不断接受思想洗礼,也促使他们以更大的热情投入到保皇会的活动中去。

　　除了集会演讲,文字宣传也是重要的手段。保皇会经常向兄弟保皇会及华侨发布公开信,宣扬政治主张。而更为有影响力的文字宣传手段则是创办报纸。

　　华文报纸对于华侨而言并非陌生事物。1815 年,英国传教士马礼逊和米怜在马六甲创办第一份华文刊物《察世俗每月统计传》,报纸进入了华侨的视野。1856 年,广东籍华侨司徒源首开先河,在美国萨克拉门托创办了第一份华侨报纸《沙加负度新录》(Chinese Daily News)。1880 年,福建华侨薛有礼在新加坡创办了第一份真正意义的东南亚华文报纸《叻报》,并一直坚持了 50 多年,直到 1932 年方才停刊。这份报纸为月刊,刊载的主要内容是清廷谕旨、公文奏指、时事新闻等,其政治倾向不言而喻。

而维新派对创办报纸也不陌生，在戊戌变法期间，他们就曾在国内各地创办报纸宣扬自己的主张。他们也把这种"习惯"带到了海外。康有为在纽约创办了周刊《中国维新报》（后改名《国权报》），从 1904 年开始一直持续到了辛亥革命爆发的 1911 年；而梁启超比康有为更加热衷办报事业，他在日本创办了《清议报》和《新民丛报》，在檀香山创办了《新中国报》。受到他们的启发，保皇会的成员们也投入了办报热潮，海外华文报纸一时大为兴盛。尤其是当地保皇会所创办的机关报，例如新加坡保皇会的《南洋总汇报》、马尼拉保皇会的《益友新报》、仰光保皇会的《仰光新报》等等。他们以报纸为舆论阵地，前对抗清政府，后对抗来势汹汹的革命派。

根据统计，维新派的海外华文报纸有将近 30 份，在保皇会首倡之地美加与华侨重镇南洋办报之风最为兴盛。梁启超长期居住的日本也有三份报纸。在这些报纸中，《南洋总汇报》曾是革命派的阵地，后来被改良派"夺取"；然而更多的报纸则在刊行一段时间后，投入了革命派的阵营。如马来西亚的《槟城日报》成为同盟会机关报，印尼吧城的《华铎报》本来是保皇派报纸，后来也投向革命阵营。与之相似的还有缅甸的《仰光新报》、美国的旧金山《中西日报》、《大同日报》等等。从此也可以看出随着时间的推移，保皇派的衰落与革命思想的兴盛。

保商也是保皇党原有之议，甚至保皇会也是以"保救大清公司"为名，试图以"公司"形态设立。在康有为为该"公司"所题与的序例中，将保商也列为他"救世二方"之一：

"上方曰保皇会，则保已能医救我国民之圣主复位，则四万万人立救矣；下方曰保工商会，则我海外五百万同胞合力自行保护，则亦可补救我四万万人焉。"①

　　尤其是在 1900 年"庚子勤王"失败后,"重整旗鼓"成为保皇会第一要务。此时华侨士气低落,捐款不振。没有自己的收入来源,全赖华侨和外国人捐款运作的保皇会面对"生死存亡"的危机,不得不另辟蹊径,以保皇会名义开展商务活动。

　　1901 年,在华侨中募股而成的广智书局在上海成立,成为保皇会的第一份实业;1902 年,维多利亚保皇会成立了商务会;1903 年,康有为倡议成立中国商务公司,总揽保皇会一切商务活动,他在与加拿大保皇会长李福基的信中提到"商会为今中国自振利权第一事,为同志发财第一事,为吾保中国救皇上身家第一事"。②

　　对于保皇党和华侨而言,保商是"两利"之事。一来支持保皇会的华侨颇多商人,"保商"与华侨的切身利益相关,也是保皇会获得华侨支持的基础。二来对于保皇会而言,从事商务活动也有现实意义。因为随着保皇会组织的日渐扩大,各项活动的推进都需要经费。通过商事活动筹集经费,是解决保皇会财务问题非常必要。

　　而这种"以商养会"的理想,保皇会首领们寄希望"中国商务公司"得以实现。康有为和梁启超还参与了《中国商务公司章程》和《中国商务公司简明章程》的撰写。在《公司章程》中,康有为开宗明义,指出成立公司的目的就是振兴中国,以商救国——"中国之衰弱,由于商权不振,商务不兴,故一切权利皆为外人所攘夺,今同人议集此公司,振兴中国之商务,挽回外溢之权利。"③康、梁设定了一个雄心

---

　　①　康有为:《保救大清皇帝公司序例》,载上海市文物保管委员会编:《康有为与保皇会》,上海人民出版社 1982 年版,第 254 页。

　　②　康有为:《致李福基书》,载方志钦编:《康梁与保皇会——谭良在美国所藏资料汇编》,香港银河出版社 2008 年版,第 44 页。

　　③　康有为:《中国商务公司章程》,载康有为:《康有为全集(第七集)》,中国人民大学出版社 2007 年版,第 222 页。

勃勃的计划,要为中国商务公司"备资本壹千万大元,分作五十万股,每股二十元,照香港用银纸收缴",并"以千万元公司复祖国"。公司总局设在香港,在广州、上海、横滨、旧金山都设有分局。"将兴办银行、商贸及各种工业"。商事本就是保皇会主要支持者——华侨商人们擅长的领域,商务公司的成立很快在华侨中有所反响。

1903 年,梁启超周游美国,在全美各保皇会演讲并为商务公司以及译书局(广智书局)招募股份,其中为公司募集了 598760 元,为广智书局展股 4 万元。虽然没能达到原本计划的招股 100 万的目标,但也颇有收获。1906 年,中国商务公司拨出 60880 元作为股本,集资成立华墨银行,到 1908 年共集股 937268 元。利用这些资金,保皇会开展多项商事活动,并成立诸多公司,涉及地产、金融、报业、粮食、餐饮等等。其中数目最大的是书报业,这也体现了保皇会政治组织的实质。此外在香港设立华益银号,在纽约设立华益分局,在芝加哥有琼彩楼(餐厅),在新加坡和马来西亚经营米业,在香港总部更有振华实业、中华酒店等多家公司。

保皇会发展出了规模颇大的跨国经济体,然而其实业的经营却一直都很惨淡。除了华墨银行曾有盈利外,其他的公司盈利甚少甚至负债经营。因为股本分配的问题,更导致了梁启超为首的横沪派与保皇党总部所在的港澳派间关系日益恶化,险些分崩离析。保皇党高层只要经验丰富的华侨商人们集股,而不愿让他们参与经营核心,认为"办大事非同门不成",而康有为门下弟子又派系倾轧任人唯亲,不满和积怨在振华公司内讧中总爆发,最终导致了保皇会实业的全盘失败、分崩离析。对保皇会失望的华侨很快投入了革命的洪流。

在华侨中推行华文教育也是保皇会工作的一环。1903 年,康有为受邀到印尼爪哇考察新式华文学校,就鼓励华侨办学发表演讲,足可以代表保皇会对于华文教育的立场。真正的中国人就应接受华文教育,"操中国语言、识中国文字,中国人方得谓之中国人,现在务会馆间有兴办学堂,但其数不多,尤须陆续增加……"①

1899 年,梁启超从横滨前往神户,督促和协助华商创办了神户同问学校,童年 8 月在东京创办了华侨高等大同学校。而康有为则在南洋协助他的新加坡华侨友人邱菽园、林文庆两人经营中华女子学校。

美国保皇会也在美国各地开办华文学堂。根据记载,1905 到 1906 年间,保皇会在斐市那、洛杉矶等地设有侨民学校。在旧金山则有尚武学堂,学生三十人;在斐市那也有相同的学堂。在旧金山天后庙街设有金门两等小学堂,开办数年,因学生参加革命运动,遂告解散。②

保皇会的成立,在近代华侨史上有着重要意义。在该会成立之前,虽也有华侨如张振勋、张榕楠兄弟参与国内政治,但毕竟只是个案,并未在广大华侨中引发强烈共鸣和关注。而保皇会则不然,康、梁为维新、保皇在海外积极奔走,他们的演讲宣传,办会办报等活动都具有强烈的政治目的,他们的活动获得了海外华人的广泛支持与空前响应。正如康有为在 1906 年向海外各保皇会发布的布告中所言:

"至乙亥六月十三日在域多利举行保皇会……百埠闻风,扶义而起,忧国沦亡,爱君忠义,不数年间,凡百七十余埠,遍于五洲,会众以数十万计……"③

---

① 李学民、黄昆章:《印尼华侨史(古代至 1949)》,广东教育出版社 2005 年版,第 367 页。

② 刘伯骥:《美国华侨教育》,华侨教育丛书编辑委员会 1958 年版,第 33 页。

③ 康有为:《布告百七十余埠会众丁未元旦举大庆典告藏保皇会改为国民宪政会文》,载汤志钧编:《康有为政论集(上册)》,中华书局 1981 年版,第 598 页。

在海外华侨中拥有数十万会员,保皇会的"群众基础"可想而知,也反应了广大华侨的参政意识的觉醒以及盼望祖国强大的热情。保皇会是中国近代史上最早建立的,以救亡图存为宗旨的海外政治团体,并开启了海外华侨广泛参与国内政治的篇章。

三、华侨为保皇会提供经济支持

康、梁流亡海外,尤其是康有为流亡海外 16 年,奔走于世界各地宣扬保皇思想。其人身安全与庚子勤王等保皇活动的经费,全赖各地华侨帮忙;保皇会的商务活动集资认股,也赖各地华侨解囊。

第一,华侨为康、梁等人游历以及生活提供经济支持。

康有为与梁启超流亡海外,并没有稳定的经济来源。他们的一餐一饭,一行一住,都是由华侨慷慨解囊。尤其是康有为流亡海外 16 年,先是在日本受神户华侨麦少彭庇护,在其别墅双涛园中生活;其后又日本政府出旅费前往加拿大温哥华,1899 年 10 月被清政府以"母亲病危"的假消息诈回香港。在香港险些遭遇暗杀,又是由华侨富商邱菽园出资 1000 元,将其接到新加坡。在林文庆等华侨的掩护下,才逃脱了清政府的追捕。其后他又周游世界考察政治;他本人又在海外娶妾纳婢,生儿育女,花巨资蓄养保镖侠客以策安全,这些全部的费用,均由华侨捐资承担。保皇会为康有为"专项筹款",仅美洲华侨就供给他 10 万美元,专为"游历各国,考察政治"。①

梁启超也是如此,他曾数次接受保皇会的邀请,前往澳洲、美

---

① 任贵祥、李盈慧:《中华民国专题史·华侨与国家建设卷》,南京大学出版社 2015 年版,第 43 页。

洲各地为华侨进行演讲,宣传保皇思想。一应车马费用与生活费用都是由华侨承担。与康梁等人相同境遇的还有保皇党核心的其他人如徐勤等,他们也都是依赖华侨提供的金援,得以生活和从事维新事业。

第二,为保皇会的运作以及相关活动提供费用。

根据保皇会的章程规定:吾会之例,入会者捐花旗银1元。① 保皇会有数十万之众,会费的基数就有数十万之多。何况捐银1元只是常例,华侨之中多有"超额缴纳"以及募捐的情形。以缅甸仰光保皇会成立为例,当时华侨为其捐款为3000余盾;当地侨团嘉应义兴会又独立捐出2万余盾。梁启超开办的政闻社也曾得到华侨捐款12万元。②

除了这种给保皇会的捐款,还有许多因事而捐的情形。1900年,改良派发动庚子勤王,在汉口发动自立军起义。单为这次行动,华侨就捐款30多万元。其中邱菽园一人捐出20万元,澳洲华侨、加拿大华侨各捐出1万元等等。

华侨还为保皇会办报捐助资金。横滨的华侨曾慷慨捐资,助梁启超办《清议报》,著名的《少年中国说》就是在该报首发;其后替代《清议报》的保皇党机关报《新民丛报》也是侨商出资出力,冯紫珊、黄为之两人就占了该报股份的六成。1901年底,广智书局在上海成立。这间书局的启动资金来源就是华侨。1901年春夏,梁启超在澳洲发起创办译书局的活动,想要募集10万元股本,发行5000股,每股20元。而这些资金落到实业上,所成立就是广智书局。1903年,梁启超受保皇会之邀前往美国,他此行的一个重要

---

① 谭张孝:《敬告各埠同志书》,载方志钦编:《康梁与保皇会——谭良在美国所藏资料汇编》,香港银河出版社2008年版,第228页。

② 丁文江、赵丰田编:《梁启超年谱长编》,上海人民出版社2009年版,第248页。

目标就是为书局展股。当地华侨也有所反映,最终又为书局招募了 4 万元股本。

华侨更是对保皇党的各项商务活动无所不包,出资百万之巨,正如徐勤在写给康有为的信中所说,保皇党"在国内外所办各事,无一事不借海外之力。"①

只是保皇会是典型的"书生造反",康梁虽有雄心,但是公允地说,保皇党无论是组织军事活动,还是经商赚钱都严重缺乏经验,保皇党内派系矛盾重重,一旦出事便互相推诿卸责,互相攻讦。尤其随着孙中山所领导的革命派在海外崛起以及清政府预备立宪的失败,保皇党失去了最后一根"改良希望"的稻草,为时代的政治洪流所颠覆,最终难逃全盘失败的命运。

第三节　晚清华侨参政相关法律

从有清一代建立以来,就将海外华侨划归到明代遗民及郑成功等反清一党去,视为贼寇。在《大清律例》中明文规定——"凡官员兵民私自出海贸易及迁徙海岛居住耕种者,俱以通贼论斩。"②而在司法操作中,清政府也对华侨"严格执法"。乾隆二十三年,安南将"为贼党羽"的华侨张甫能、王布督等解回中国,清廷认为他们"潜出境外,煽诱蕃民,滋事不法",将他们在边境正法,同案三十人被充军。

从盗贼到官员,清政府政策 180 度转向,配套的法律也必须做出更改。晚清政府出台的与华侨参政有关的法律主要有:

---

① 丁文江、赵丰田编:《梁启超年谱长编》,上海人民出版社 2009 年版,第 248 页。
② 《大清律例全纂》卷二十。

一、捐纳相关法律

捐纳是晚清华侨得以参政的"入场券"。通过捐纳跻身官宦之列，进而跻身官场，是华侨参政的最重要通道。在 1866 年清政府派"晚清第一个跨出国门的官员"斌椿带领使团随赫德一同出国考察之前，在华侨富商侨领之中虽有捐纳情形，不过只是零星情况。①

以斌椿为代表的肯"开眼看世界"的官员们意识到了南洋侨商雄厚的经济实力，这些人虽身在海外，却始终"正朔服色"，而且有强烈的捐纳愿望。对处在财政崩溃中的清政府而言，是一处尚未开发的财源地。而随着与清政府官员接触的增加，又有些华侨有了捐官的机会。包括新加坡漳州侨领卓芳琳、首任清廷驻新加坡领事胡泽璇等人都有捐官在身。此后国内开各种捐赈，相关政府部门和涉事地方政府都会派员前来南洋劝捐。而与海外华侨纳捐有关的法律主要有：

《同治五年增修筹饷事例条款》(1866 年)，自咸丰年间，清廷数开纳捐。"筹饷事例及现行常例纷繁"，因此户部出面将历年所办成案，条分缕析，增议条款，为筹饷事例 91 条，常例 16 条。此后清廷纳捐，都是以该条例为基础加以变通。

根据《筹饷事例·捐职衔》规定，捐职衔分为京官职衔和外官职衔——最低等的是监生。捐纳监生的标准是"由俊秀捐银 108 两，由附生捐银 98 两，由增生捐银 80 两，由廪生捐银 60 两。"而在监生之上则是贡生，"由监生附生捐银 144 两，由增生捐银 120 两，

---

①　斌椿在自己的游记《星槎笔记》中记叙他到新加坡时，曾有一名叫陈鸿勋的福建人穿戴"顶帽补服来遏"，此人的职衔是都司，在此地经商。

由廪生捐银 108 两"则可得。而入品官职的捐纳,则要在贡生、捐生的基础上。

"郎中,由贡监生捐银 3840 两,由同治捐银 1656 两。

员外郎,由贡监生捐银 3200 两。

主事、都察院都事、都察院经历、大理寺丞,有贡监生捐银 1660 两。

光禄寺署正,由贡监生捐银 900 两。

大理寺平事、太常寺博士、太常寺典簿、通政司经历、通政司知事,由贡监生捐银 750 两。

銮仪卫经历、中书科中书、詹事府主簿、光禄寺典簿,由监贡生捐银 650 两。

部寺司务,由贡监生捐银 600 两。

国子监典簿,由贡监生捐银 500 两。

国子监典籍、翰林院待诏,由贡监生捐银 360 两。

翰林院孔目,有贡监生捐银 320 两。

道员,有监贡生捐银 5248 两。

知府,由贡监生捐银 4256 两。

盐运司运同,由贡监生捐银 3840 两。

同知,由监贡生捐银 2000 两。

通判,由贡监生捐银 1600 两。

布政司经历、布政司理问、州同,由贡监生捐银 300 两。

按察司经历、布政司都事、盐运司经历、州判。由贡监生捐银 250 两。

盐库各大使、按察司知事、府经历、县丞、盐运司知事、布政司照磨,由贡监生捐银 200 两。

按察司照磨、府知事、县主簿、州吏目、茶马大使,由贡监生捐银 120 两。"①

一般华侨被允许捐贡生、监生等相同低等的"出身",富商侨领等则多捐知府、道台等职衔。1877 年,晋豫两地爆发灾荒,在国内"捐务已成弩末"的情况下,奉命筹赈的李鸿章派人前往南洋接洽捐纳。根据 1879 年李鸿章在《南洋劝捐请奖折》中提到华侨纳捐的情况,"其南洋各埠领事、头目、商董,本皆华人,各能深明大义,一并择优拟给虚衔顶戴等项,相应仰恳特恩俯准照拟给奖,庶足以昭激劝,而示羁縻。"

从中可以看到,这次南洋捐纳取得了一定的成果,有华侨因此受封。

所谓"羁縻",在政治语境里,是指中央政府对边疆地区少数民族所采用的笼络控制。这也体现了清政府对于华侨的认知与态度的变化。华侨已经不再是自弃王化的罪民,而有了笼络的价值。此后的一段时间里,每逢国内有天灾抑或需要捐款之时,都会有官吏前往南洋各埠劝捐。他们所依据的法律就是《增修筹饷事例条款》。

1884 年,清廷再开大规模捐纳,因海防吃紧急需捐输购买军火,李鸿章建议在已显繁复的各种捐赈之外再开新捐。而这次纳捐"乃集各捐输之大成,进而开海防事例"。1887 年,因为河南水灾,御史周天霖、李士琨建议停止海防捐另开郑工事例。不过收捐条款仍按照海防事例的"一定之规"。新条例的施行也对海外华侨捐纳产生了影响。

《海防事例条款》是在《同治五年增修筹饷事例条款》基础上,

---

① 王有立主编:《中华文史丛书·增修筹款事例条款》,台北华文书局 1968 年影印本,第 681—688 页。

根据现实需要修订而成。"所有京外准捐各项,拟即仿照筹饷例定数,酌减二成。"1887 年,李鸿章又上书《海防捐输变通章程折》,又做出了"降价而沽"的态势。与华侨捐纳有关的主要有三条:

第一,捐花翎顶戴应酌量减价,"翎枝宜减成收捐也。查翎枝本系虚荣,与实职有间,从前晋、豫赈捐章程,凡捐花翎三品以上捐银二千两,四品以下捐银一千两,蓝翎减半,由捐纳蓝翎加捐花翎准抵银五百两,由保举蓝翎加捐花翎准抵银二百五十两。现在海防事例,三品以上捐银三千两,四品以下捐银二千两,蓝翎一千两,其由捐纳蓝翎加捐花翎准抵一半,保举蓝翎不准作抵,因捐数过昂,故报捐甚少。拟请嗣后报捐翎枝,仍照晋、豫赈捐章程办理,庶几捐数减轻,凡欲得宠荣者,必当较前踊跃,亦于名器无妨。"

第二,准许道员捐纳二品顶戴。"道员拟准加二品顶戴也。查从前火器营章程,由盐运使衔道员捐银五千四百两,准加二品顶戴。目前海军衙门需款甚巨,较之昔年火器营尤为紧要。顶戴究系虚衔,拟请准其推广报捐,但必须得盐运使衔后方准报捐,恐亦无几。拟将道员有三品衔者,仍照火器营旧章捐纳;其无三品升衔者,应准加倍报捐,仍统按八成上兑,以示限制。"

第三,各种虚衔及贡监生也应当减成捐纳。"衔、封、贡、监宜仿照赈捐成数也。查直、东两省现办赈捐,准按海防事例再减二成。今海防捐例仍按八成,谁肯舍轻就重。拟请嗣后衔、封、贡、监,亦照直、东赈捐减成上兑,俾免两歧。"①

户部也对此"照单全收"。同年 10 月,新加坡《叻报》上刊载户部纳捐的广告,纳捐的价格已做修改,所遵循的就是李《变通章程》

---

① 李鸿章:《海防捐输变通章程折》,载顾廷龙、戴逸主编:《李鸿章全集·奏议十二》,安徽教育出版社 2008 年版,第 126 页。

中所提到的价格。"三品以上捐翎顶戴者纳银 2000 两,四五品花翎捐 1000 两,蓝翎需银 500 两。均以实银上兑。"①

华侨给予海防捐以大力支持,"士民好义急公,输将恐后,核计指纳之项不下二百万大宪。"②仅为海防便有 200 万元的捐纳,足见华侨对祖国强大的强烈渴望与支持。

1887 年,清政府开郑工事例,"职衔、封典、虚衔、顶戴、贡、监"等项另议酌减五成。1889 年 10 月,清政府停郑工再开新海防。李鸿章又上书拟定《新海防事例章程》十条,再次降价卖官。在郑工事例的基础上,"封典,升衔,贡监生三项,再减一成,统以四成报捐";"翎只一项,照前捐之数再减二成"。③

除此之外,还有各省地方赈捐事例。随着捐例越开越多,捐官价格也越来越低廉。1888 年江浙赈捐,1889 年顺直赈捐,1890 年又有山东赈捐种种不一而足。为了争取捐纳,地方赈捐甚至不乏打折出售之举,或由十成银数上兑,或由四成五成银数上兑。④

1894 年,两江总督刘坤一开江南防务事例,部议比新海防捐再减 成;1900 年开江宁筹饷事例和秦晋捐输。这些捐输都给实官买卖以极大优惠,对"封衔贡监翎只等项,仍照各省振捐之例核收",换言之,对于这些虚衔和出身,仍旧是打折出售。1909 年 9 月,度支部修订新的捐输章程,将官衔打折出售入法:

"赈捐衔封贡监等项先已减为四成,拟再酌减二成,以二成实银上兑,其中道员二品顶戴,以及贡监捐盐运使职衔以三成实银上

---

① 《叻报》,1887 年 10 月 24 日。

② 《叻报》,1888 年 4 月 16 日。

③ 《新海防事例》天册《原奏》,载许大龄:《清代捐纳制度》,哈佛燕京大学 1950 年版,第 62 页。

④ 许大龄:《清代捐纳制度》,哈佛燕京大学 1950 年版,第 66 页。

兑;翎枝一项,以咸丰时旧章(一品实职报捐花翎应银 4000 两,二品应银 3000 两,三品应银 2000 两,又三品以上虚衔人员应银 1800 两,中品以下实职虚衔人员应银 900 两,蓝翎减半),将三品以上报捐花翎者再减一半,四品以下仅收银 400 两。报效学堂巨款者,按照封衔贡监银数以五成实银计算,核准奖叙。"[1]

二、《豁除海禁招徕华民疏》与海禁废除

纳捐相关条例为华侨"铸就官身",而海禁废除则是从法律层面上解决历史遗留的华侨是"犯罪者"的身份问题。

虽然在与早在 1842 年与英国签订《南京条约》时,清政府就同意对跟随英人出国的华侨不再被视为罪民;1877 年又在英属新加坡设立了驻外领事保护侨商与侨工,然而在《大清律例》中将华侨视为罪犯的条款却仍未废止,始终有效。纵使清政府有心示好华侨,吸引华侨募捐或归国投资,侨商仍顾虑重重。偶有华侨归国,却遭受到故乡上到地方官下到土豪劣绅的排挤与陷害。纵使华侨愿意且踊跃捐纳,但是对于回乡之事仍有疑虑。毕竟他们在法律上的"罪民"身份,还没有得到豁免。

1890 年,薛福成被任命为出使四国大臣,他带领了黄遵宪等人一同前往,在赴欧洲途中经停新加坡,与当地华侨有过接触。1891 年,受他提拔的黄遵宪被任命为新加坡总领事。在与当地华侨接触的过程中,他了解到了华侨们对祖国的疑虑。他将华侨们心系祖国却无可奈何的心情写在诗文中:

"千金中人产,咸欲得封爵。今年燕晋饥,捐输颇踊跃。

溯从华海来,大抵出闽骆。当我鼻祖初,无异五丁凿。

---

① 沈洁《清末捐纳制度研究》,载"北京档案史料",2007 年第 1 期。

> 传世五六叶，略如华覆荨。富贵归故乡，比骑扬州鹤。
>
> 岂不念家山，无奈乡人薄。一闻番客归，探囊直启鑰。
>
> 西邻方责言，东市又相斵。亲戚恣欺凌，鬼神助咀嚼。
>
> 曾有和兰客，携归百囊橐。眈眈虎视者，伸手不能攫。
>
> 诬以通番罪，公然论首恶。国初海禁严，立意比驱鳄。
>
> 借端累无辜，此事实大错。事隔百余年，闻之尚骇愕。
>
> 谁肯跨海归，走就烹人镬？言者袂掩面，泪点已雨落。"①

华侨有乡不能归的痛苦跃然纸上。1892年，他上书薛福成，请他代为上奏废除海禁。薛福成为此两次上奏，1892年，他写成《致总理衙门总办论豁除海禁招徕华民书》。

在这篇奏疏中，他转述黄遵宪的观点，总结海外华侨不愿归国的原因，主要是因为家乡官员对他们视同陌路，"宗族戚里之讹索，官长胥吏之欺侮"让他们止步不前。他们之所以会被这样对待却申诉无门，皆因为"奸胥劣绅"凭借"中国旧例，有不准出番华民回籍各条"，"罪民"的身份让他们不得不忍气吞声。当初设立海禁，是因为"海寇盛行"，而如今与往昔情形截然不同，应该革除旧例。

他的这次上书并未得到回应。1893年，他并拟成《请豁除旧禁招徕华民疏》一文。这次薛福成准备更为充分，洋洋洒洒数千字，从经济、政治、法律等个角度痛陈利害。

在奏折开篇，他开门见山地提出为顺应最新的形势，清廷应当豁除旧禁以护商民而广招徕。他历数顺治以来各种海禁条例，指出国家之所以制定严刑峻法，并非要苛待普通的华侨，而是为了在人力资源不足的情况下"孤寇党、弭衅端"，是不得已而为之。

而到了晚清时代，国内与国际形势都发生了变化。在与"东西

---

① 黄遵宪：《番客篇》。

洋诸国"签订的各种条约中,清廷都承诺保护前方他国的华侨,而为了保护秘鲁和古巴的华工,清廷与美国几番交涉;还在海外要地设立领事,显见在实际操作中,清廷早已不再将华侨视为贼寇。当年的海禁之条,早已名存实亡,"不废而自废,不删而自删"。① 如今为华侨们"正名"的机会已成熟,甚至可以说为了招徕华商发展国内经济,变更法律已是刻不容缓。

他还非常有说服力地援引了沈葆桢废除台湾海禁的旧例,认为废除海禁之事可以比照办理,"出洋华民,事同一律"。他建议总理衙门"核议保护出洋华民良法",废除旧例并"由沿海各省督抚及出使大臣分途切实晓谕",并为良善华侨"核给护照"。

同年 8 月,清廷听从薛福成的奏请,并以上谕的形式发表政令:

> "总理各国事务衙门奏:遵议出使大臣薛福成奏申明新章,豁除海禁旧例。良善商民,无论在洋久暂,婚娶生息,一概准由出使大臣或领事官给与护照,任其回国治生置业。并听其随时经商出洋。毋得仍藉端讹索。如所请行。"②

由此,海外华侨从此结束了"罪民"的历史,能够自由往返于侨居地与国内,这也为华侨回国参政解除了顾虑,铺平了道路。

三、奖励华商等一系列法律

除了准许华侨通过捐纳,向各种"众筹"项目给款而换得官衔回报之外,清政府面向侨商出台了一系列法律,包括《奖励华商公

---

① 薛福成:《请豁除海禁招徕华民疏》,载马忠文、任青编:《中国近代思想家文库:薛福成卷》,中国人民大学出版社 2014 年版,第 304—305 页。
② 《清实录·光绪朝》卷三百二十七。

司章程》《华商办理实业爵赏章程》《改订奖励华商公司章程》等一系列法律,争取侨资回国投资。——所谓华商,就是华侨商人,可以通过向国内投资办理实业,换取官衔甚至爵位报偿。

1903 年,清政府设立了商部,意图振兴工商业缓解日益慎重的社会政治经济危机。由于此前以张振勋等为代表的商人在捐纳中的热情表现,以及华侨商人在南洋等地经营所展现出的才干,清政府对侨商也寄予了很深的希望。正如农工商部在《遵拟订华商办理实业爵赏章程折》中提到的:

"今五洲之大,均以商战立国。国之有农工商实业局厂,其扼要与军储战具相等。则凡国内足富,海外侨商能出资本创办实业局厂者,其功自不可没……"①

清政府首先出台的是《奖励华商公司章程》及其修订版。1903年农工商部成立未久,就颁布了《奖励华商公司章程》二十条,对回国投资兴办公司的侨商予以封赏。而 1907 年,为了加大对侨资的吸引力,清廷决议修改旧法"稍宽其格",将集资额的最高奖赏额从 5000 万元以上降为 2000 万元以上,依旧以集股额度为划分,对侨商给予更丰厚的官衔报偿,而集股额度高者甚至可以世袭三代。

投资额(万)	官　衔	顶　戴	准否世袭
2000 以上	农工商部头等顾问官	头品顶戴,双龙金牌	世袭本部四等顾问官,三代为止
1500 以上		头品顶戴,特赐匾额	世袭本部头等议员,三代为止
1000 以上		头品顶戴,特赐匾额	世系本部二等议员,三代为止

---

① 《遵拟订华商办理实业爵赏章程折》,载林金枝、庄为玑编:《近代华侨投资国内企业史资料选辑(福建卷)》,福建人民出版社 1985 年版,第 34 页。

（续表）

投资额(万)	官　衔	顶　戴	准否世袭
800 以上	头等顾问官	头品顶戴	不能世袭
600 以上	二等顾问官	二品顶戴	
400 以上	三等顾问官	三品顶戴	
200 以上	四等顾问官	四品顶戴	
100 以上	头等议员	五品衔	
80 以上	二等议员	五品顶戴	
60 以上	三等议员	六品衔	
40 以上	四等议员	六品顶戴	
20 以上	五等议员	七品顶戴	

除了上述关于集股额度与奖励官衔、顶戴等奖励外，该章程还规定了已有职衔华商的奖励折算办法，以及合伙合资共办公司股东的奖励方式①。甚至规定了商人本人"已有职衔不愿再加"等情况下，可以将应受之奖转给自己的近亲——胞兄弟及亲子侄。商人不需在本部坐班当差，在地方处理有关商务事宜时，受到官员优待。"自四等顾问以上，均按京卿议注，头等议员以下，均按部员仪注，行庭见礼。"章程还规定，奖励华商公司应在公司开办后一二年后，农工商部考察其"著有成效"，才能"酌核给奖"。②

而转为投资农工路矿等实业，清政府还特别出台了《华商办理实业爵赏章程》。1907 年，农工商部拟奏十条版本的《华商办理农工商实业爵赏章程》，1908 年又奉旨拟定八条版本的《华商办理实业爵赏章程》，两个章程内容大同小异，部分条文完全一致，都展现

---

① 1907 年修订版章程的规定。

② 《奖励华商公司章程》(1907)，载李盾编：《现代企业制度通鉴》，国际文化出版公司 1996 年版，第 139 页。

了对发展民族实业的重视。

这个章程是专门为投资办理实业的华商而设,在农工商部的奏折中,非常明确地指出之所以特别给这部分华商以"爵赏",是因为"果有一厂一局所用资本,数逾千万,所用人工,至数千名者",为国为民做出了巨大贡献,"即爵赏亦所不惜"。对于华商投资实业的金额与爵赏差序表列如下:

投资额(万)	爵赏	工厂规模(人数)
2000 以上	一等子爵	雇工千人以上
1800 以上	二等子爵	
1600 以上	三等子爵	
1400 以上	一等男爵	
1200 以上	二等男爵	
1000 以上	三等男爵	
800 以上	三品卿并赏花翎	雇工 500 以上
700 以上	三品卿	
600 以上	四品卿并赏花翎	
500 以上	四品卿	
400 以上	五品卿并赏二品衔	
300 以上	五品卿	
200 以上	四品卿衔并加二品顶戴	
100 以上	四品卿衔	
80 以上	二品衔	
50 以上	三品衔	
30 以上	四品衔	
10 以上	五品衔	

根据表格可见,相比"华商公司","华商实业"的奖励显然更为优厚。相对于奖励公司通常以"列名于首者为断",华商实业则是

开宗明义,"无论独资、合资、附股营业"皆可,所有标准只"以个人资本之大,所用工人之多寡为等差。"

对于实业,该章程也有严格定义,"能开辟资源,制造货品扩充国民生计者为合格。"而其他"贩运、周转、汇兑、营利为业者"都不算作实业,应当适用《奖励华商公司章程》。

相对于公司"一二年"后由本部考察酌核给予奖励,奖励实业则不以时间为限,"凡兴办实业,无论独资、合资、附股",只要将"所认资本全数缴足,工作催齐,局厂成立,赴部核准注册,并由本部调查确实,并行文本籍地方,查明该商人品望身家",就可以酌核奏奖。同《奖励华商公司章程》一样,"凡商人原有官阶职衔在应得奖励之上的",也可推封于自己的胞兄弟或亲子侄。而商人可以将自己所投资的所有实业局厂资本总汇合并计数,酌核请奖。

受到子爵或男爵封赏的华商还有承袭的可能性,如果所经营的实业子孙后代能够承续经营,则子孙也可继承爵位;其待遇"应行仪注悉照《钦定大清会典》以示优异";而三品卿到五品卿,应即以所营农工商实业分别冠以农业、工业、商业字样,以昭激励。①

此外,其他有关奖励商贾的法例,如《奖给商勋章程》等,华商也可一体适用。

四、《大清国籍条例》

相对于前几部法律法规,《大清国籍条例》出台最晚,却最为紧要,因为它要从法律上界定华侨国籍归属的问题。华侨是否能被从法律上认定为"中国人",是华侨名正言顺参与国家政治生活的

---

① 《华商办理农工商实业爵赏章程》(1907),载李盾编:《现代企业制度通鉴》,国际文化出版公司1996年版,第138—139页。

基础。

在晚清政府与华侨接触的很长一段时间里,清政府并未认识到"国籍"问题的存在。毕竟即使清朝中前期将华侨视为"罪民"或"弃民",也从未将他们当成"外国人"。而以晚清政府的立场而言,华侨们正朔服色,仍是自己的子民。

1877 年,清政府在新加坡设立领事,与新加坡相隔不远的印尼华侨也心存盼望。1882 年,广西候补知府李勉接到爪哇华商信函,随后他转禀南洋大臣左宗棠,提到印尼华侨的国籍问题。

> "华人生聚于斯,贸易于斯者,又不止加于日本、金山、秘鲁、西班牙等处十倍,其寄居四五代,置田宅、长子孙者,既成土著,即往来商贾,亦令造册稽查。间有将该处生长之华民编为西籍,将册寄回西京,虽日后回华,仍归西官管辖,中国官员不必过问之说。未审总理衙门有无成议,如果准行,则冒籍滋事之人,沿海皆是;即憧憧往来之商贾亦必习与性成,以伪为伪矣,其为害可胜言哉……窃恐南洋数百万众亦复非中华有矣。"①

他还指出,清廷有官员觉得在此地设一领事每年所需费用需千金颇为靡费,是因为不知道设立领事的迫切性,应该与荷兰展开设领磋商。

此后,为了设领问题,清政府与荷兰政府进行了断断续续的交涉,负责交涉的吕海寰还曾上书《荷属南洋各地华人受虐情形亟宜添设领事保护折》,依然未曾想过华侨的国籍会成为问题。

---

① 刘锡鸿等:《驻德使馆档案钞》,台湾学生书局 1966 年版,第 267—269 页。

1906 年,外务部接到了关于海外华人国籍问题的问询。先是美国驻华大使柔克义向外务部询问"贵国律例中有何条载明出入国籍事";后有日本华侨陈世望等 8 名华商向清政府驻长崎的领事官员,问入日本籍是否会失去本国国籍的问题。

接连遇到有相关咨询却不知如何正确答复,外务部向时任修订法律大臣的沈家本求解。沈家本指出因为中国"向无国籍之说","国籍出入,中国律例既无明文,当即饬令馆员调查东西各国成法,妥为议订。惟事关重要,非旦夕所能定义"。①

修订法律馆还在调查各国法律,制定国籍法却已是迫在眉睫,刻不容缓。

1907 年,荷兰政府颁布《爪哇殖民籍新律》,强迫荷爪哇华侨于 1908 年改籍荷兰,并拟将这一法律在所有荷属殖民地推行。这个法律的颁布,在广大华侨中引起广泛回响。华侨们惶恐不安,群策群力,成立"国籍保存会"并通过各种渠道反馈消息给清政府,要求制定国籍法,支援华侨对抗荷兰政府。

1908 年,清政府主动恢复了与荷兰的设领谈判,然而对驻荷兰特命全权大使陆征祥的提议,荷兰政府在 1909 年先答应设领,复又以订约之期要等到荷兰议院通过属地人民国籍的新条例后才能确定,荷兰政府的"司马昭之心"已经昭然若揭。

对于清政府而言,华侨特别是南洋华侨,有无法舍弃的利益所在。南洋巨商甚多,无论是捐输还是投资都不落人后,对清政府从名义到实质上都很重要——

"夫吾国地土虽大实业未兴,以历年赔款之腹削,外货之

---

① 沈家本:《国籍出入俟考查明晰详慎订定再行咨复美使由》。

吸收,吾国民生计上危难已有不堪终日之势,而沿海各省,尚得赖以维持者,只此海外千百万同胞抛生命殚死力,含辛茹苦竭蹶而得之金钱还以输诸祖国耳。今并此而弃之吾国前途其又何堪设想,且此犹为目前者易睹之祸也。"①

在这种海内外群情激愤的背景下,《大清国籍条例》被快速催生而出,并"自奏准奉旨后,即时施行"。《大清国籍条例》颁布于1909 年,共五章二十四条,第一条开宗明义,该法以属人主义为原则,以属地主义为补充。

"第一条　凡左列人等不论是否生于于中国地方均属中国国籍:

（一）生而父为中国人者。

（二）生于父死后而父死时为中国人者。

（三）母为中国人而父无可考或无国籍者。"

这种以属人主义为主导的国籍立法,在当时显然是逆潮流而动的。毕竟自 19 世纪下半期,出生地主义已经在主要西方国家的国籍立法中占据上风,乃至国际法学会在 1895 年的剑桥会议和 1896 年的威尼斯会议上确立了国籍法应以出生地主义为主导的原则。② 清政府之所以依然采取血统主义的立法原则,显然是为争取广大海外华侨的向心力。

虽然抢在荷兰 1910 年《荷属东印度籍民条例》之前颁布,这部国籍法却未能保护荷属东印度的广大华侨。1911 年 5 月,中荷两国签订了《中荷在荷兰领地殖民地设领条约》,清政府同意在荷属

---

① 《为荷兰强迫华侨入籍恸告海内外同胞》,《广益丛报》第 201 号。

② 李浩培:《国籍问题的比较研究》,商务印书馆 1979 年版,第 47—48 页。

东印度华人在荷境内依照荷法律解决；而荷兰则同意在荷华人归国，则归中国国籍。

以属地主义为原则的国籍法，在一定程度上回应了广大华侨的迫切需求，也使华侨出籍、复籍有法可依。及至民国颁布及修订《国籍法》也都遵循了这项原则，"以血统主义为重，而辅以出生地主义以济其穷"。

第二章　民国初期的华侨参政

第一节　辛亥革命与华侨参政

华侨的力量真正登上国内政治舞台,是同盟会成立之后的事。在华侨领袖孙中山的引领下,广大华侨积极参加革命党,积极为革命筹款,并回国参与反清起义,为推翻满清帝制,建立民主共和做出了重要贡献,成为中国近代政治史上一支不可忽视的力量。就如国民党元老,民国建国功臣何香凝先生所评价的:中华民国得以建立,华侨之力,实占三分之一。①

一、华侨与同盟会

相比康梁所领导的保皇会是国内政治运动失败而流亡海外的产物,孙中山创立的同盟会则是发端于华侨,由华侨主导,积蓄海外力量引领国内政治发展的政治组织。同盟会之所以背靠华侨的力量,与孙中山的个人经历与选择有关。

① 何香凝:《孙中山先生的伟大》,转自任贵祥、李盈慧:《中华民国专题史·华侨与国家建设卷》,南京大学出版社 2015 年版,第 58 页。

孙中山本身就出生并成长于华侨家庭,幼年便前往檀香山读书,与华侨多有接触,对海外侨情非常熟悉。他接受了完整系统的西式教育,心存改变中国积弱面貌的热情。他曾于 1894 年 6 月上书北洋大臣李鸿章,提出"人能尽其才,地能尽其利,物能尽其用,货能畅其流——此四事者,富强之大经,治国之大本也"的改革建议,然而却并没有得到采纳。这使得他放弃了对清政府最后一丝幻想,走上了革命道路,当年 11 月,他在檀香山成立兴中会,隔年在香港建立"兴中会"总会。

这一年,清政府在对日本的甲午海战中战败,孙中山领导的兴中会愤而在广东发动起义。起义遭到了清政府的镇压,起义军首领陆皓东被处死,孙中山开始了海外流亡生涯。1900 年,革命派卷土重来,再次在广东发动三洲田起义,也遭遇了失败的命运。而身在日本的孙中山与因戊戌变法失败而逃亡日本的梁启超结识。

双方都心怀改造国家的理想,然而一为革命、一为保皇存在着根本分歧,并没有任何合作空间。从两派人马狭路相逢之日起,便掀起了一场争取海外华侨支持的持久战。双方以文字为武器,通过演讲与报纸宣扬己方思想与政治主张,互相攻伐争取华侨的同情与支持。孙中山对此非常重视,根据学者不完全统计,在民国成立前,孙中山曾 6 访檀香山,12 次到日本,8 至新加坡,9 至马来亚,5 访越南,2 访暹罗,访问美国本土及欧洲的次数则均为 4 次。① 除了考察当地政治,在华侨中宣传革命思想也是重中之重。

双方交锋的"上半场",无疑是保皇派占上风。在甲午海战

---

① 任祥贵、赵红英著:《华侨华人与国共关系》,武汉出版社 1999 年版,第 14 页。

失败后,孙中山向檀香山华侨宣讲革命时,仅有他的胞兄德彰及华侨邓荫南两人愿意倾家相助,其他亲友数十人仅赞同而已。[①]在 1905 年同盟会成立前,兴中会仅有 12 个总、分会,会员人数不超过 500 名,与保皇会"百七十埠"有会,会员超过数十万的情景形成了鲜明的对照。好在时间是站在革命派一方的,清政府颟顸僵化,保皇党内乱丛生,种种问题的爆发,让广大华侨逐渐认识到清政府与保皇派根本无法拯救处于水火之中的祖国。随着时间的推移,保皇党日益衰落,同情革命党的华侨则日益增多。

1905 年 7 月,孙中山由欧洲到日本,在横滨召集了认同革命的留日学生精英与旅日华侨 70 人,讨论成立同盟会事宜。会议通过了《中国同盟会总章》,明确要在国内成立 5 个,海外成立南洋、欧洲、美洲、檀香山 4 个分会。也是在同盟会的机关报《民报》上,孙中山首次提出了"三民主义"的主张。与兴中会不同,同盟会在海外发展极为迅速。仅在一年之后的东京《民报》创刊一周年的大会上,就有留学生和华侨六、七千人出席。而当时中国留日学生的人数才有 15000 人。对这段时间同盟会的发展速度,孙中山本人也表示肯定"近一两年,内外赞成革命者大不乏人,大有一日千里之势。"[②]同盟会的主要活动都是在海外展开,华侨的参与显然功不可没。根据当地华侨情况的不同,同盟会在不同的地区,采取了不同的经营政策。

各地参加革命,以香港横滨为早,以南洋人数为多。在南洋,或由孙中山本人出面,或由同盟会派员前往各地,或改组原

---

① 蒋永敬:《华侨开国革命史料》,台北正中书局 1977 年版,第 3 页。

② 孙中山:《与芙蓉华侨的谈话》(1906 年 7 月),载《孙中山全集》第一卷,中华书局 1981 年版,第 293 页。

有兴中会分会,或组建同盟会分会,通过演讲宣传或报纸舆论阵地,号召华侨加入同盟会。根据颜清湟先生的统计,在民国成立前,仅新马两地加入同盟会的华侨,就有三、四万之众。而缅甸则有会众 2343 人,暹罗有 200 多人等等。华侨加入革命党之势如火如荼。

在保皇党的大本营,奉行排华政策的美洲,同盟会则采取了与致公堂合作的办法。致公堂是以"反清复明"为主旨的组织,在美洲华侨中有很大的影响力。致公堂在美国华侨中"势力乃日兴盛,在旧金山者号称致公总堂,分堂遍布各埠,凡有华侨足迹者莫不有之,殆占旅美华侨全部人数十之七八。"①保皇党康、梁及徐勤也曾谋求与致公堂合作,然而以"终极"政治目标而言,致公堂无疑与孙中山有更多共同点。在致公堂的支持下,孙中山在美国展开宣讲活动,然而由于保皇党势力阻挠以及致公堂内部分歧,直到 1909 年 12 月,才在孙中山的主持下成立同盟会美东分会。而到了辛亥革命前,美洲地区有同盟分会 26 个,美洲总会则设在致公堂的大本营旧金山。在辛亥革命前夜,1911 年 5 月,同盟会与致公堂各自在自己的机关报上发布布告,宣布两会在"反清革命"的旗帜下达成了一致。

华侨对于同盟会如此重要,孙中山总结华侨与同盟会之间的关系,指出"同盟会之成,多赖海外华侨之力……惟吾深知同盟会中非有华侨一部分者,清室无由而覆,民国无由而建也。华侨不自言功者,盖知救国真为天职。"②

---

① 冯自由:《华侨革命开国史》,载中国社会科学院近代史研究室《近代史资料》编译室:《华侨与辛亥革命》,知识产权出版社 2013 年版,第 38 页。

② 孙中山:《〈同盟演义〉序》,载《孙中山全集》第四卷,中华书局 1985 年版,第 26—27 页。

二、华侨支援革命所需资金

支援革命所需资金,是华侨对革命最直接的贡献。要从事推翻政府的"危险活动",就必须要有足够的经济支撑,从最初的周游宣讲,到组织机构建设,乃至武装起义所需武器弹药,无一不需要资金来源。为了支援革命,孙中山的兄长用尽浮财,典当恒产,终在1907年在檀香山宣告破产——可见对于"白手起家"的革命党人而言,筹集经费是难中之难,重中之重。而华侨在这一方面起到了绝对重要的作用。孙中山先生在《国父致吴敬恒函述革命经费之来源》文中谈到华侨捐输时,曾言及自己的兄长(孙眉也是华侨)为捐助革命至于破产,以及南洋华侨捐助起义等事。

> "至潮州、惠州、钦廉、镇南、河口五役及办械运动各费,通共所用将近二十万元。此款则半为南洋各地同志所处,为革命初次向南洋筹款者。今计开:由精卫向荷属所筹者约三万余元,向英属所筹者万余元,共约四万元;向安南东京及暹罗所筹者约五、六万元……"①

台湾学者蒋永敬也对辛亥革命前革命党领导的十次起义经费使用情况有过深入研究。笔者据此制成"辛亥革命前十次起义经费使用表"②,能够很直观地显示出华侨对于革命给予的支援之巨——

---

① 孙中山:《国父致吴敬恒函述革命经费之来源》,载蒋永敬:《华侨开国革命史料》,台北正中书局1977年版,第28页。

② 数据来源自蒋永敬:《辛亥革命前十次起义经费之研究》,载蒋永敬:《华侨开国革命史料》,台北正中书局1977年版,第40—57页。

序号	起义名称	经费数额	经费来源
1	广州起义 (1895.10.26)	3万元以上	香港兴中会成员黄咏商捐8000元;余育之捐10000余元;檀香山兴中会"会底银"及"股份银"1388元;孙德彰及邓荫南捐11000余元。
2	惠州起义 (1900.10.8—10.22)	14万元以上	港商李纪堂捐20000元,日本"义侠"捐5000元,史坚如捐3000元,余下部分为孙中山向日人贷款。
3	潮州黄冈起义 (1907.5.22—5.27)	21万元左右	江南丝绸巨贾张静江捐50000元,孙中山自筹15000元,日本人铃木等捐14000元,荷属南洋华侨捐30000元,英属南洋捐10000余元,安南及暹罗捐约60000元,香港机关直接收入13250元,河口征收3500元。
4	惠州七女湖起义 (1907.6.2—6.13)		
5	防城起义 (1907.9.1—9.17)		
6	镇南关起义 (1907.12.1—12.8)		
7	钦廉起义 (1908.3.27—5.3)		
8	河口起义 (1908.4.29—5.26)		
9	广州新军起义 (1910.2.12)	3万元以上	纽约华侨捐3000元,波士顿捐2000元,芝加哥2000元,旧金山1000元。同盟会李海云从香港远同源汇兑业商店提取存款20000余元。
10	广州三二九起义 (1911.4.27)	21万元以上	南洋华侨捐助32550元,英属南洋47663元,美洲78000元,暹罗及安南华侨捐约30000元。美洲华侨和巴达维亚华侨还各自输出20000元和1500元,用于起义善后工作。
合计		62万元左右	

　　根据图表罗列可见,华侨"输出"在 31 万以上,仅以数额而论,占据了革命经费的一半,由此可见华侨对革命的贡献。

　　华侨对于辛亥革命经济方面的援助可以分为两部分,一部分是加入兴中会、同盟会所缴纳的会费和年费,这部分数额不大,主要用以支付革命党组织活动费用。兴中会与同盟会两会章程中,都规定了入会会员应缴纳会费。兴中会章程中第五条规定,入会者应缴纳"会底银五元"领取执照;而同盟会总章第三条也规定了"凡愿入会者"应"立盟书,缴入会捐一元"。在第十九条中,还规定了"各支部当地会员有担任该支部经费之责"。兴中会和同盟会海外支部众多,他们的日常运作也都遵照章程所定。除支持日常运作之外,会费若有盈余,也会投入到支持革命党的其他活动中去。会费所少却也可集腋成裘,如上表所提到的,兴中会的一部分"会底银"就曾被用于支援广州起义,虽然对于庞大的革命军费而言,这几乎是杯水车薪。此外,缅甸仰光同盟会还曾将会费结余捐给孙中山,支援他 1909 年前往欧美筹革命款。①

　　另一部分来自各种募捐,基本都用于孙中山的活动经费、办报宣传经费以及革命党在国内发动各种起义的军费等等。筹集方法主要有三种,一种是捐输,一种是发行革命债券,一种是国际友人资助。第一种和第二种方法都主要在华侨中推行。

　　华侨捐输是革命党经费的最主要来源,从南洋巨贾到美国侨商,诸多华侨义士响应孙中山以及革命党筹捐同志的号召,无偿捐助革命活动。除上表中提及为革命起义捐款外,孙中山为革命四处奔走的经费,除他本人积蓄外,多是以其兄长孙眉、冯自由、陈嘉庚

---

　　①　任贵祥、李盈慧:《中华民国专题史·华侨与国家建设卷》,南京大学出版社 2015 年版,第 81 页。

等为代表的广大华侨捐助。1895 年第一次广州起义失败孙中山先生逃到日本,并想由日本前往美洲躲避引渡,日本华侨冯自由兄弟捐助给他 500 元为路费;1902 年到 1903 年,他在越南的革命活动经费,也多由越南华侨黄祥代为筹措;1905 年他从日本前往南洋活动,其 3000 元的旅费则是由马来西亚华侨谢良牧等人捐赠。1908年,孙中山欲从新加坡前往欧洲活动,其经费则是由马来西亚华工出身的邓泽如及一些暹罗华侨捐助的;1911 年,孙中山从欧洲回国,新加坡侨领陈嘉庚曾为他捐助 10000 元为路费……诸如此类的情形不胜枚举。甚至 1910 年孙中山之母病逝,其丧葬费用及后续家人的生活费用,均为槟榔屿华侨吴世荣、黄金庆等人所出长达半年之久,可见华侨对于孙中山先生的敬重及对革命的赤诚。

华侨也是革命党发行的各种革命债券的主要购买者。檀香山兴中会成立之时,在会员的"会底银"之外,还有所谓股份银。这部分筹集了 1100 元。其中檀香山华侨邓荫南和孙中山的兄长孙眉二人各自认购了 300 元和 200 元。① 后来这部分股银也被填入了 1895 年广州起义的军饷之中。而后孙中山又几次发行过革命债券,比较有代表性的是 1904 年的"革命军军需券",1906 年的"中国革命军政府筹饷券"以及 1911 年在美国,由洪门筹饷局发行的"中华民国金币券"。

"革命军军需券"的面额为一元及十元,购买后可在"本军成功之日即还本付息"十倍之数。通过军需券的方式,孙中山募集了4000 余元。② 孙在致公堂首领黄三德的陪同下在美国各地宣传革

---

① 《兴中会会银及收入会银时日与进支表》,载冯自由:《华侨革命开国史》,中国社会科学院近代史研究室《近代史资料》编译室:《华侨与辛亥革命》,知识产权出版社 2013 年版,第 23 页。

② 冯自由:《华侨革命开国史》,中国社会科学院近代史研究室《近代史资料》编译室:《华侨与辛亥革命》,知识产权出版社 2013 年版,第 43 页。

命的费用,都出自于此。

"中国革命军政府筹饷券"印有英法文字以及白日徽章,由孙中山的法国友人代为印制,经由新加坡运往香港,由旅日华侨冯自由负责发行事宜。这份债券曾在南洋发行过,具体发行量已难断定,时任新加坡领事孙士鼎向清政府的报告中,则说发行了"数百万张",而新加坡巡警部史云局长则说是"业印有数万张"。这批筹饷券"每票一元",回馈则是"还本息十元"。

"中华民国金币券"则有十元、一百元、一千元三种,根据孙中山所亲拟的《革命军筹饷约章》中所承诺的,"凡认任军饷至美元五元以上者,发回中华民国金币票双倍之数收执。民国成立之日,作为国宝通用,缴纳课税,兑换实银"。这次的筹饷活动在三个月内,募集到了美金 144130 元。[1] 也显示出随着历史车轮的前行与革命形势的好转,华侨对革命的信心的增长。

至于国际友人的捐助,主要来自孙中山视为"第二故乡"的日本,孙中山先生曾记录在 1900 年惠州起义时,有"日本义侠出五千元";1906 年萍乡起义后,有"日人资万四千元",被他用于谋划之后的潮惠潮黄冈等起义[2]等等。

三、华侨办报宣传革命

如同保皇派一样,报纸也是革命派宣传思想,号召华侨的重要阵地。1900 年,孙中山派遣陈少白到香港办《中国日报》,也开启了革命派办报热潮,华侨也加入其中。从兴中会成立到辛亥革命爆发这段时间里,华侨共开办革命报 40 余种,为在海外宣扬革命,

---

[1]　王允庭:《关于中华民国金币券实物的研究》,载"中国钱币",2013 年第 3 期。
[2]　孙中山:《国父吴敬恒函述革命经费之来源》,载蒋永敬:《华侨开国革命史料》,台北正中书局 1977 年版,第 27—28 页。

对抗保皇党人争取华侨信心做出了重要贡献。

1903 年,孙中山前往檀香山,他的到来引发了当地保皇党人的"警戒"。保皇党机关报《新中国报》上发表各种文章诋毁孙中山,抢占舆论优势。而革命派则利用与孙本有旧交的程蔚南所办的《檀香新报》为阵地,发表《驳保皇报》及《告同乡书》两篇最为重要。1907 年,该报更名为《民生日报》,是为同盟会机关报。

各地革命派华侨也开始自主办报,以笔为武器与保皇会展开对抗。在日本,革命派的主阵地为 1905 年创办于东京的《民报》,这份报纸是同盟会总部的机关报,创办人包括胡汉民、章炳麟、汪精卫等人,也有华侨参与其中,如廖仲恺先生就出身旅美华工家庭。孙中山先生以"三民主义"为该报做了发刊词。

日本本就是中国留学生的聚居地,也是革命派海外活动最热烈之所在。在 1900 年、1901 年已有留学生郑贯一、秦力山等人分别办《开智录》、《国民报》等进步报刊,对于办报,革命派已颇有经验。在《民报》创刊不久后,很快就与保皇党"正面交锋"。1906年,《民报》与《新民丛报》展开了一场以中国应该"保皇"还是"革命"的论战。这次论战在海内外华人中引起了极大反响,革命派大获全胜,迎来了进一步发展的"春天"。

在南洋,1904 年,新加坡华侨陈楚楠、张永福两人立志办报,以"唤醒民众"。两人各出资金购买设备,组建了《图南日报》。在报纸上鼓吹革命,在比较倾向于清政府正统地位的南洋侨社可谓大逆不道。这份报纸很快就落入少有订阅,入不敷出的窘境。到1905 年不得不停版。《图南日报》在出版的二年之内,"前后支出不下三万"①元。

---

① 冯自由:《华侨革命开国史》,中国社会科学院近代史研究室《近代史资料》编译室:《华侨与辛亥革命》,知识产权出版社 2013 年版,第 54 页。

陈楚楠和张永福并不气馁,两个月后,两人决定以《图南日报》的设备变造为股,并向广大华侨中招股,创办了《南洋汇总报》。然而为他们注资的股东多为保守派,无法接受他们的"过激"言论。双方无法共存,决定抽签决定报社归属。陈、张等革命派被排除,原本作价三万元的股份,最终只退回了五千元,损失惨痛之余,该报更沦为了保皇党的舆论阵地。

陈楚楠二人则在孙中山的支持下,在1908年卷土重来。他们与林义顺等人合股创立了《中兴日报》。该报是同盟会的机关报,由革命党人胡汉民、居正等人联合合办。

《中兴日报》的创办,在新加坡华侨中引起很大的反响。尤其是革命派以此报为阵地,与保皇派报纸就晚清立宪问题发动旷日持久的激烈论战,引发了各派华侨的关注。在《中兴日报》最繁盛时期,其单期销量甚至达到过4万册,持各种不同政治立场的广大华侨竞相传阅,使得革命思想为南洋华侨所知,扩大了革命派的影响。然而《中兴日报》的两大支柱陈楚楠因输巨资于革命事业引发兄弟不满,陷入家族争产诉讼;而张永福则因经商失利几致破产。《中兴日报》也因经营不善资不抵债,最终与1910年宣告停办。

在陈、张二人外,新加坡还有其他爱国华侨办革命侨报,包括与《中兴日报》同时在办的《星洲晨报》,该报的创办人是同盟会成员谢心准、周知贞等人。谢原为香港同盟会机关报《中国日报》的记者,颇有办报经验,该报在新加坡颇为畅销,与《中兴日报》成一时瑜亮。不过该报也因资本不继,在1910年停刊。此后又有华侨于1911年创办了《南侨日报》,继续宣扬单命思想。

除了新加坡,马来亚、印尼、缅甸、暹罗、菲律宾等国也有华侨办革命侨报。

缅甸的革命侨报出现在1904年,是年《仰光新报》的创办者庄银安受到革命党人秦力山的影响,原有的保皇思想发生转变,其主办报纸也随之风气一变,成为革命拥簇。然而因为保守派的反对,该报很快就被迫停刊了。庄银安等人与同盟会骨干,也是当地华侨徐赞周联合创办了《商务调查月报》,不过也没能成功。直到1908 年,庄银安等人重整旗鼓,创办了同盟会机关报——《光华日报》。由于保皇派及清政府驻缅领事的干扰,该报很快被保皇派夺取,改组为《商务报》,不甘示弱的庄银安等人在华侨中重新集资1.3 万盾,再开《光华日报》,与《商务报》各立旗帜,展开针锋相对的论战,最终以口诛笔伐逼得《商务报》宣告停刊。不过庄银安也因此遭到迫害,不得不停刊报纸、避居槟城。不过他并不因此气馁,联合了槟城的仁人志士再开《光华日报》,为革命奔走呐喊。

留在仰光的革命华侨徐赞周等人则在 1910 年 3 月则利用《光华日报》留下的各项资产,重开新报——《进化报》,在《进化报》被查后,锲而不舍又办《缅甸公报》。缅甸革命华侨办报,遭遇保守势力的重重阻挠而仍坚守立场毫不气馁,庄、徐等人为革命"四次办报,所耗经费,约为缅币六万盾,其经历之艰难险阻,非笔墨能形容。"①

而在马来亚地区,除了庄银安等开办的《光华日报》外,尚有几种本地华侨所办革命报纸。1907 年,槟城同盟会负责人黄金庆、吴世荣收购了持保皇立场、陷入经营困境的《槟城日报》,将其改组为同盟会机关报,成为宣扬革命思想的阵地。黄金庆在 1910 年又参与了庄银安为复刊《光华日报》的行动,时值孙中山将同盟会南洋支部从新加坡转移到槟城,《光华日报》由此成为了南洋支部的

---

① 黄珍吾:《华侨与中国革命》,转自任贵祥、李盈慧:《中华民国专题史·华侨与国家建设卷》,南京大学出版社 2015 年版,第 109 页。

机关报,一直出版到 1936 年,成为在南洋华侨中传播革命思想的最主要阵地之一。而在马来亚其他地方,则有林道南创办的《吉隆坡日报》和《泗洲周报》,宣传革命思想。

在暹罗,革命侨报的创办则始于革命党人陈景华。1905 年,他在广西知县任上因职务犯罪等候受审,趁隙逃往香港,辗转来到暹罗。他与当地华侨萧佛成一拍即合,创立了《美南新报》,未几因经费困难停刊,复改组为《湄南日报》,这份报纸很快被保皇会收归囊中。萧与陈等人转而于 1907 年再开新报《华暹新报》,这份报纸不仅发表中文文章、也有暹文文字,很快成为同盟会的机关报。这份报纸也是暹罗革命侨报中最为"长寿"的,开办到了 1929 年。暹罗的革命侨报还有 1908 年,由尤列等人创办的《同侨报》。

在印度尼西亚,也有 4 种主要的革命派侨报。分别为创刊于 1908 年的《吧城日报》和《泗滨日报》,1910 年的《汉文新报》和《华铎报》;在菲律宾则有同盟会的机关报《公理报》,这些侨报虽然因为财政问题存续时间都不长,却为传播革命派共和理念做出了贡献。

美洲也是保皇派与革命派舆论战的重要战场。檀香山是孙眉的侨居地,也是同盟会的创建之地,是革命派的"主场"。1907 年,倾向于革命的《檀香新报》被改组为《民生日报》,与保皇派报纸《新中国报》展开笔战。1908 年,就《民生日报》的言论自由问题,主笔卢信与股东发生争执。《民生日报》的管理者曾长福慰留卢信。

在卢信的建议下,曾长福出面集侨资,另行创办了《自由新报》,由卢信出任社长。在卢信的主导下,《自由新报》言论日见激烈,很快引起了时任驻檀香山领事梁国英的忌惮。梁国英与保皇党人利用"排华法案",向移民局提告卢信以"教员"身份入美却担任"报馆主笔",显然违背了美国移民法对于中国移民的职业与身份的限制性规定。曾长福等人为卢信延请律师，并向美国"工商部"提出抗辩。美国工商部援引相关法律，认定"报馆主笔"也应属于"教员"之列。这场法律之争，以卢信一方的胜利收场。这也成为中国人可以"记者"职业申请留美的开端。《自由新报》在美发行近 40 年，在国民党组建后，成为其檀香山支部的机关报。除此之外，卢信还于 1908 年创办了《大声报》，作为《自由新报》的助力，以期刊的形式宣扬革命。

在美国本土，革命派的宣传大本营则是旧金山。革命派在自主办报之前，曾利用政治色彩相对中立的《中西日报》（1900—1951）及致公堂机关报《大同日报》（1903—1925）宣传革命。1904 年，孙中山从檀香山前往旧金山，由于驻旧金山领事以及保皇党人的告密，被美国海关当局"拘禁"。孙通过同情他的《中西日报》主编伍于衍，印刷邹容所著《革命军》11000 册，散发于旧金山华侨；并争取到了《中西日报》倾向革命派。通过黄三德的帮助，孙中山将担任致公堂机关报《大同日报》主笔的康门弟子欧云樵排除出《大同日报》，并通过冯自由介绍了兴中会员刘成禺担任主笔。《大同日报》从此转向革命派。

1909 年，同盟会成员李棠（李是男）秘密发展了旧金山华侨温雄飞等人入盟，在他们的倡议下，倾向于革命的旧金山华侨组建了秘密革命团体"少年学社"，为同盟会的正式组建"预热"。同年，少年学社创办《美洲少年周刊》为"宣传机关报"。1910 年，美国同盟会组建，该报也改组为《少年中国晨报》，成为美国同盟会的机关报。这份报纸在华侨中引起了很大反响，也是革命派所有侨报中经营最好的一间，"营业顺利，获利甚丰，置有大屋一间"，成为海外侨报中最长寿者，出版直到 1991 年 4 月。

而在美国的邻邦加拿大，则有 3 种华侨革命报刊。《华英日报》创报于 1906 年,本是宣扬基督教的华文报纸。1907 年,《华英日报》聘康门弟子崔约通为主笔。其后崔约通与保皇会机关报《日新报》主笔何卓竞发生冲突。崔主动与革命党机关报《中国日报》互通有无,该报立场也转向革命派。崔约通在《华英日报》因与保皇会缠讼而宣告"无以为继"后,转到《中西日报》任职。

加拿大第二种倾向革命的报刊是《大汉报》,该报是致公堂在加拿大的机关报。1907 年该报创立之初,就仿效《大同日报》例,请冯自由代寻主笔。冯毛遂自荐,成为《大汉报》主事者。1910 年,冯自由成为《大汉报》主笔,同保皇派报纸《日新报》主笔梁文兴展开论战。冯自由在《大汉报》上接连不断地发文,揭发保皇党康梁等人在经商过程中表现出的腐败与无能,并宣扬革命思想。许多保皇党人因此转向革命。1911 年,革命派复活了 1905 年创刊的《新国民报》,冯自由担任该报的名誉主编。

除此之外,华侨还为革命党第一份机关报《中国日报》的存续做出了重要贡献。日本华侨冯自由曾任该报主笔,1905 年,《中国日报》险遭拍卖沦落于保皇党人之手,也是由冯出面请香港富商李纪堂、李煜南集资度过危机。1906 年,《中国日报》改组,越南华侨李亦愚、潘子东、颜太恨等合认新股三千余元。1911 年,《中国日报》再次遭遇危机,檀香山华侨卢信、黄时初等提出愿集侨资接办,当时管理该报的南方支部表示同意。旋即辛亥革命爆发,1912 年 9 月,卢信从檀香山归国,"以结办自任"。报社也随之迁往广州,由政府津贴,规模极大。1913 年,孙中山发动的讨袁二次革命失败,《中国日报》也被时任广东都督,军阀龙济光下令查封。

四、华侨回国参与起义

与在国内变革失败不得不败走海外求存的改良派不同,革命派是在海外诞生、在流亡海外的清廷异见者、留学生及华侨中发展的政治力量。无论是兴中会还是同盟会,华侨会员都占据了"半壁江山"。辛亥革命前的十次起义中,华侨不仅止于在后方集资支援,还有许多华侨舍生忘死,归国投入战斗。颜清湟先生评价华侨对辛亥革命的贡献时,也指华侨是"革命起义行动的最佳人力支援来源。"①

1895 年,孙中山欲在广州发动起义,兴中会成员邓荫南、宋居仁、侯艾泉、李杞等数名檀香山华侨追随他回到国内。邓荫南"开乾亨行于香港为干部",而澳大利亚归侨谢缵泰参与指挥,日本华侨陈清则担任敢死队长。孙中山本人"常往来广州、香港间……筹备甚周",然而这次起义却因"运械不慎,致海关搜获手枪六百余杆,事机乃泄"。起义尚未发动,便告失败。侯艾泉、李杞也在撤退过程中因被清兵围捕而牺牲。两人也成为最早为革命牺牲的华侨之一。

1900 年,革命党人卷土重来。革命党人郑士良在孙中山的授意下,发动了三洲田起义。此次参与策划与直接行动就有黄福、黄耀廷等数名华侨;而邓荫南、谢缵泰、宋居仁等人则负责筹划接济工作。新加坡华侨黄耀廷被任命为副总司令兼右路先锋官,黄福则被任命为副总司令兼左路先锋官。二人均骁勇善战。1895 年第一次广州起义时,黄耀廷就曾组织了 200 名敢死队员赶赴广州。广州起义"出师未捷",黄耀廷也被迫逃亡香港,一直是坚定的同盟会骨干;而黄福则在起义中率 80 人敢死队偷袭新安县沙湾,横扫清军为起义军赢得"一胜",使得起义军为之士气大振。

---

① ［澳］颜清湟:《星马华人与辛亥革命》,李恩涵译,台北联经出版事业公司 1982 年版,第 108 页。

1902 年,革命党会同太平天国"遗民"洪门会党共同策划和发动了第二次广州起义。曾参与兴中会前两次起义的澳大利亚华侨谢缵泰与其父谢日昌、其弟谢缵业一同参与了这次起义。谢缵业协助洪全福指挥起义,日本华侨梁慕光被委任为南粤兴汉大将军总司令,宋居仁和邓荫南两人也参与其中。

1905 年,孙中山改组兴中会成立了同盟会,并决定继续在国内发动起义,1907 年 5 月到 6 月间,革命党在广东潮州黄冈、惠州七女湖两地发动起义,互相策应。这两次起义均有华侨参与。在潮州方面,负责举事的就有南洋华侨许雪秋。许雪秋原籍潮州,是南洋兴中会骨干,热心革命,曾与晚清举人黄乃裳策划过在潮州起义。黄乃裳曾是维新党人,在变法失败后逃亡南洋,后转向革命。他们原订于 1905 年 4 月在潮州起事,却因被人告密,许雪秋才至香港就被发现,不得不返回南洋。1906 年,许雪秋加入同盟会,并决定再回潮州起义。他的想法得到了孙中山的大力支持,并派同盟会各地华侨成员廖仲恺、方次石、谢良牧等人协助策划。1907 年 2 月,许雪秋等人约定起事,却因联络不当而发现。许不得不退走香港,而留在潮州的新加坡同盟会成员余既成、陈涌波等人终于在当年 5 月举事。革命党人一度攻下黄冈,成立军政府。与前来镇压的清军激战 7 昼夜,终告失败。而就在黄冈之役失败数日后,惠州方面,新加坡华侨邓子瑜等人发动了七女湖起义,也未能成功。

在广东发动起义数度失败后,革命党总结经验教训,决定转进西南,在广西发动起义。广西与越南接壤,边界地形复杂,而孙中山也正留居越南,方便指挥起义。他在越北的河内设立指挥部,而越南华侨成为了防城、镇南关、钦廉及河口起义的主力军。

1907 年 9 月,受孙中山指派,越南华侨同盟会成员王和顺与黄兴一起,在广西发动起义。王和顺出身清军刘永福部,有一定的军事经验。冯自由为此役置办军火,海防同盟会彭军生、黎量余负责转运,会长刘歧山负责接收。从前方举事到后勤支援,华侨为此次起义做出了重要贡献。此役虽攻陷防城,却在攻打钦州时遭到清兵围攻失败。

防城之战失败后,孙中山又派遣同盟会同志发动镇南关起义。王和顺与越南华侨关寅甫先后攻打未成,同年 12 月,越南华侨黄明堂集合义军,发动偷袭成功,占领了镇南关要塞的三个炮台,并缴获各种武器。而黄明堂本人更是身先士卒,作战勇猛。而攻下镇南关也让革命党人士气大振。面对清廷的大举反扑,黄明堂带起义军坚守城池,直到弹尽粮绝方才不得不撤退。

在镇南关起义后,革命党又先后在钦廉、河口两次举义。王和顺、黄明堂等越南华侨依旧是主将。越南诸华侨如“杨寿鹏、刘歧山、甄吉廷、麦香泉、高德亮、饶章甫、陈二华、梁恩”等人,“或输送武器、或接济粮食、或筹措经费、或参加义师,均被陆续驱逐出越,转赴香港。自戊申四月以后,同盟会籍之侨商,因有参加革命军之嫌疑而被法官下令驱逐,不得已牺牲商业者十余人,损失财产,实数不赀。”[①]越南华侨为革命事业抛家舍业,做出了很大贡献。

在广西境内发动的起义陆续失败,同盟会总结经验,认为组织涣散管理松散的小规模起义成效不彰,即使取得一时胜利也很难转化为燎原大火。革命党人决定利用已有同盟会员加入新军的优势,决定从内部动手,策反广州新军。这次行动也没能成功。

1910 年秋,孙中山从美洲至槟榔屿,决定再兴起义。他召集

---

① 冯自由:《华侨革命开国史》,中国社会科学院近代史研究室《近代史资料》编译室:《华侨与辛亥革命》,知识产权出版社 2013 年版,第 36 页。

了革命党人胡汉生、黄兴,其兄孙眉以及华侨邓宏顺等人共商大计。他电召各地同盟会领袖来槟榔屿,并于 11 月 13 日秘密机会,商讨起义事宜。除了孙中山、孙眉等人外,华侨代表还有黄金庆、吴世荣、熊玉珊、林世安(槟城南洋支部代表),李孝章(怡保分会代表),邓泽如(芙蓉分会代表),李义侠(坤甸代表),李柱中(即李燮和,印尼代表)等人。华侨参与了策划、筹款、武器购买等多项准备工作,更有许多华侨志士回国参与起义举事。华侨是"敢死队"的热心参加者,踊跃报名"选锋"。在起义前集结在香港准备回国的"敢死队员"就有 500 名。因人数众多,不得不"抽签以决定回国参加者"。①

1911 年 4 月 27 日(农历 3 月 29 日),起义军在广州举义。起义军英勇作战,终究寡不敌众。此役牺牲的华侨就有 31 人,是所有牺牲者的三分之一,更有数名华侨在刑场上慷慨就义。

第二节　华侨归国参政及相关法律

1911 年 10 月,武昌起义打响了辛亥革命第一枪,引发了连锁反应,中华民国宣告成立。消息传到海外,各地华侨都大为振奋,纷纷响应革命,有许多华侨回国参与武装斗争以及民国国家建设,为民国的建立做出了重要贡献。

一、华侨与各省独立

民国成立的消息传到海外后,华侨举办各种庆典活动,并在各

---

① 任贵祥、吴北战:《华侨与黄花岗起义述论》,载"广东社会科学",1997 年第 4 期。

地同盟会组织下准备回国投身革命。新马各地有约 2000 人回国参加革命，日本有 110 名华侨组成敢死队回国，印尼华侨则有超过 1000 人回国，暹罗振兴书报社就有超过 300 名爱国华侨归国。[①]他们在各省参加、策动甚至领导革命，为各省独立做出贡献。

在侨乡，华侨有人和优势。以福建为例，有许多印尼、菲律宾福建籍革命党人在辛亥革命后归国参与革命。他们购买武器组织敢死队和保安会，以声势迫使清政府官员将泉州政权交予革命党，完成了和平交接。这也极大鼓舞了厦门、漳州等地的华侨。

而在孙中山的家乡广东，华侨的革命斗争更有星火燎原之势。越南华侨王和顺在惠州组织民兵 3000 人，与清军血战七昼夜终于光复了惠州；关寅甫则组织 1000 多人组成仁字营在惠州、海峰、河源等地响应。黄明堂组织明字顺军在江门、新会等地响应。广东各地都有华侨点燃烽火，新加坡华侨林义顺在香山组织香字顺军 3000 人，加拿大华侨胡汉贤在东莞一带组织 300 人的昭字营，越南华侨石锦泉在东莞虎门一带组织石字营，许雪秋、谢逸桥、陈涌波等人则在潮汕斗争。而谢良牧更是兵不血刃，策反了广州将领李准，最终和平反正。

在云南，则由缅甸同盟会华侨张文光等人凭借地利优势，在腾越（腾冲）发动起义，起义军有千余人参加。他们在光复腾越后兵分三路乘胜追击，清军节节溃败，起义军很快一路光复宝山、龙越等地，兵临大理城下。张因举义有功，此后被滇省都督蔡锷任命为"大理提督"。

在上海，印尼华侨李燮和、旧金山同盟会华侨梁少文帮助陈其

---

① 任贵祥、李盈慧：《中华民国专题史·华侨与国家建设卷》，南京大学出版社2015 年版，第 133—136 页。

美光复了上海。在陈其美率敢死队进攻江南制造局而失手被擒时,正是李燮和联络防营管带相救,为最后光复上海做出了贡献。

在华侨之中,还组织了敢死队性质的华侨北伐炸弹队,有100多名华侨组成,他们英勇作战,"居功至伟"。①

二、华侨回国参政

1911年12月,孙中山自海外归国,被十七省代表公推为临时大总统,并组织临时政府。华侨在该政府中参与极深,从临时大总统孙中山,到诸部委官员,都不乏华侨身影。有学者曾列举过南京临时政府中华侨官员,从军到政都有华侨参与,包括:

"司法总长:伍廷芳(马来亚)

内务部卫生司司长:林文庆(新加坡)

外交部商务司长:冯自由(兼任国民政府临时稽勋局局长)

全国铁路督办公署顾问:黄三德(美国)

总统府秘书:冯自由(日本)、余森郎、梅乔林、刘鞠可、张霭蕴、温雄飞(以上均为美国华侨)

总统府庶务处处长:朱卓文;一科主任:黄俊三;三科主任:林朝汉;庶务员:王棠(均为美国华侨)

大总统卫队长:夏百子(美国)

总统府副官:雷祝三、李达贤、伍横贯、朱本夫、邝灼、邝桓(均为美国华侨)

中华民国陆军部飞机队队长:李绮庵"

由于地缘关系,广东和福建地方政府中也有不少华侨充任公

---

① 任贵祥、李盈慧:《中华民国专题史·华侨与国家建设卷》,南京大学出版社2015年版,第133—136页。

职。尤其是在广东,华侨占据了军政要职,如广东宣慰使是旅美华侨黄魂苏、张霭蕴;在权力部门中,广东军政府高等顾问兼临时参议会副议长是旅美华侨卢信;参议员中则有旅美华侨赵昱、温雄飞、李思辕。在行政机关方面,财政司正副司长是旅美华侨李煜堂和廖仲恺;外交司司长则是旅美华侨罗泮辉;民团局长新加坡华侨黄世仲;工务司司长旅美华侨程天斗;教育司司长旅美华侨钟荣光;警察厅长暹罗华侨陈景华。① 在军方中也有许多华侨。如广东阳江民军总司令李萁、新安民军总监督黄作周、潮州民军标统陈涌波、惠州民军统领王和顺等。在福建,则有福建革命政府顾问、厦门参事会议长兼副财政长庄银安、交通司长筹饷局总办黄乃裳等等。

北洋政府建立后,中央方面,侨务系统和外交系统成为归侨参政的集中地。侨务系统的归侨多来自南洋,背景多为侨领或华商;而外交系统则主要来自欧美日,多为留学生。伍廷芳、陆征祥、顾维钧、王宠惠、王正廷、郭泰祺、蒋作宾、钱泰、宋子文等人都是杰出代表。而在地方,归侨参政则集中于广东福建侨乡。

三、1912 年《中华民国国籍法》及《国籍法施行细则》

1912 年 11 月,"中华民国元年法律第四十号"正式颁布,是为《中华民国国籍法》,1914 年 11 月又出修正版。这部法律为五章二十二条。1915 年更出台配套的实施办法——《国籍法实行细则》,共十三条。1912 年《中华民国国籍法》继续了属人主义的立法原则,在《大清国籍条例》基础上发展而来,并有所推进。

1912 年国籍法与《大清国籍条例》在结构上颇为近似,都为五

① 　任贵祥、赵红英:《华侨华人与国共关系》,武汉出版社 1999 年版,第 41 页。

章结构。分别为固有国籍、国籍之取得、国籍之丧失、国籍之回复以及附则，与《大清国籍条例》的"固有籍、入籍、出籍、复籍以及附条"一一对应。

此外，1912年国籍法还在其他方面继承了《大清国籍条例》。

两部国籍法对于固有国籍的认定，均以血统主义为主，以出生地主义为辅。《大清国籍条例》第二条规定了"若父母均无可考或均无国籍而生于中国地方者亦属中国国籍。其生地并无可考而在中国地方发现之弃童同。"而1912年国籍法则在第一条第四款中直接承认"生于中国地，父母均无可考或均无国籍"者属"中华民国国籍"。

在性别方面，1912年国籍法也奉行男性血统主义为主要原则。这在各章条文之中都有体现。在"固有国籍"方面，生父为中国人则当然为固有中国国民，而母亲为中国人则不当然有中国国籍，必须满足"父无可考或无国籍且生于中国"的条件。相比而言，《大清国籍条例》在相同情况下只要求"父无可考或无国籍"条件，并无属地附加条件。

在"国籍之取得"、"国籍之丧失"等方面，也是以男性血统为主。如第三条规定"外国人因认知取得中华民国国籍者，须具备左列各款条件：一、依其本国法尚未成年。二、非外国人之妻"；第十二条规定"为外国人妻取得其夫国籍者"丧失中国国籍。显然在通常情况下女性的国籍取得与丧失，都是以其夫为转移。

1912年国籍法也考虑了国籍法最新发展趋势，在《大清国籍条例》的基础上有所改进。主要表现在对个人国籍选择限制的松动。《大清国籍条例》中，规定入外国国籍者必须"呈请出籍"，在国内"应具呈本籍地方官详请，该长官谘请民政部批准牌示"；而在国外则"应具呈领事申由出使大臣，或迳呈出使大臣谘部办理"。须由有关机关先行查清其是否符合出籍条件,即无"未结之刑民诉讼案件",无"兵役之义务",无"应纳未缴之租税"无"官阶及出身"。照规定,如果曾参加科举考试取得功名或捐官取得功名者,都不能出籍。其条件苛刻,手续繁琐可见一斑。而1912年国籍法则相对放宽了条件,删减前置程序,降低了出籍难度。根据1912年国籍法第十三条规定:

"依前条第一项第四款之规定①,须经内务部无左列各款情事者始丧失国籍:一、届服兵役年龄未免除兵役义务,尚未服兵役者;二、现服兵役者;三、现在中国文武官职、立法院议员或地方自治职员者。"

所谓"须经内务部",在1915年《国籍法施行细则》第八条有较为明确的注解:"依修正国籍法之规定丧失中华民国国籍者须禀由现住地方之该管官署转报内务部经其许可"。

而从无法出籍的前置调查程序来看,1912年国籍法只需内务部确认申请人"无兵役义务"以及非现职官员即可。而"非现职官员"也比"无官阶出身"范围小得多。所谓"出身"包括有功名但并未在清政府任职者也不能申请出籍,而"非现职官员"则意味着曾出任民国政府官员但已经解职者也可申请出籍。

至于《大清国籍条例》规定的有"未结之刑民诉讼案件"及"应纳未缴之租税"者不能出籍,在1912年国籍法也有类似规定,列于第十四条中:

---

① 指1912年国籍法第十二条第四款之规定,即中国人有左列各款情事之一者丧失中国国籍:四、依自愿归化外国,取得外国国籍者。载周南京主编:《境外华人国籍问题讨论辑》,香港社会科学出版社有限公司2005年版,第499页。本章对1912年国籍法引用均基于1912年《中华民国国籍法》及1915年《国籍法施行细则》,同上,第497—502页。

"中国人虽有第十二条第一项各款情形之一,并无前条各款情事,若有左列各款情事之一者,仍不丧失国籍。一、为刑事嫌疑人或被告人;二、为刑事宣告执行为终结者;三、为民事被告人者;四、受强制执行处分未终结者;五、受破产之宣告未复权者;六、有滞纳租税或受滞纳租税处分未终结者。"

相对《大清国籍条例》,1912年国籍法只规定刑民事案件的"被告人"不能出籍,而原告人则不在此列。而在具体实施中,也不要求内务部对这些情形进行事前调查确认,只要求在发现有上述情形时"撤销许可"。《国籍法施行细则》第九条有明确规定:

"凡已经许可丧失中华民国国籍者,若查有修正国籍法①第十四条所列各款情事之一时,应撤销其许可。"

这就大大降低了内务部在前置程序的工作量,也使出籍变得更有可操作性。这无疑体现了对个人国籍选择权的尊重。而其承继《大清国籍条例》属人主义为主导的立法原则,将广大华侨纳入国民体系,也体现了民国政府对清政府护侨政策的延续,对华侨为新生的中华民国贡献的肯定。正如孙中山先生所言:

"我海外同志昔与文艰苦相共,或输财以充军费,或奋袂而杀国贼,去对国民之奋斗历十年如一日,故革命史上,无不有华侨二字以长流国人之脑海。"②

需要为中国革命事业与建设事业做出贡献与牺牲时,华侨与国内民众共体时艰。在"革命成功"后,华侨也有资格、有理由在中国政治舞台占据一席之地。1912年出台的《中华民国国籍法》,无疑表明了国家立场,并为华侨参与国家政治生活提供了法律依据。

---

① 指1914年修正后的《中华民国国籍法》。
② 丘正欧:《华侨问题研究》,台湾国防研究所印1965年版,转引自王子昌:《海外华人与国籍法——国籍法的社会学分析》,载"现代法学"2003年第2期。

1912 年国籍法也是对南京临时政府时期出台的一系列护侨政策的延续,《审议华侨要议权案报告》也在其列。这些护侨政策与清政府的护侨政策在本质上的区别,在于其目的不仅是"保全国体",更在于"尊重人权"。凭借这部法律,北京政府得以名正言顺给予海外华侨外交保护,并以此为基础构建侨务法律体系。

第三节　华侨选举权与相关法律

华侨选举权并非是民国政府之首倡,在清政府预备立宪时,就已有有识之士提出这一问题。1907 年,刘士训上书光绪皇帝,建议尽快制定国籍法,其中便有一条理由是"使海外华侨得以参与预备立宪后的选举",参与国内政治。①

虽然清政府并未采纳他的建言,然而在地方筹建咨议局时,还是有华侨成为"议员"。如两广总督着手筹备广东咨议局时,张振勋就名列广东咨议局 22 名"议绅"。民国成立后,华侨代议权问题很快就提上了议事日程。

一、华侨代议权的提出

华侨选举权是华侨参政权的重要组成部分,而近代华侨代表代议权则主要通过推选和选举产生。自 1911 年辛亥革命在武汉爆发,各省纷纷响应,很快形成燎原之势,"走向共和"迫在眉睫。各省代表聚集于江苏省咨议局共商国是,华侨也公推了代表——如美洲代表冯自由、槟榔屿代表吴世荣、亚齐代表谢碧田等参与其

---

①　袁丁:《大清国籍条例——中国第一部国籍法的产生》,载"八桂侨史"1992 年第 4 期。

中。然而由于当时的唯一部宪法性文件《中华民国临时政府组织大纲》中，并无华侨代表之规定，所以华侨并无选举权。惟有"坐旁听席"，"无发言权"。亚齐华侨代表谢碧田认为这种对华侨代表的限制"殊失侨民公举代表之意"，向代表团提出了要求。后来马君武提议"南洋代表应有发言权，与各省代表同座。惟无投票权及表决权"，获得了代表团的赞成。1912 年 1 月 13 日，谢碧田正式向代表团提出讨论"华侨代议权"的事宜，①数次痛陈利害，发出华侨要求通过选举与代议参与国家政治的呼声。

"参议院议长、议员公鉴：华人居住南阳群岛不下数百万，而生命财产关系重要。同为中华人民应得政府之保护。前清领事有保护之名，无保护之实。今幸民国政府成立，则中外同仁自无歧视。但华侨之意见，恐政务殷繁，一时不暇计及。故特派代表前来，俾可详陈一切。并非欲争祖国之权利，实为筹计人民之自由。至请与华侨代议权一节，固有为难之处，然准情酌理，或者可以从权。希即提议为幸。"②

从陈情书的内容可以看出，谢碧田"请代议权"主要还是为了能使广大华侨希望获得来自祖国的保护这一请求更顺畅地为民国政权所知，并引起重视。第二次请代议权书中，更详细地阐述了予以海外华侨代议权的正当性和必要性。

"参议院议长、议员公鉴：鄙人受南洋同胞之命，渡海来京。值民国成立，总统受职之盛，又得跻诸君子之后，私幸何如。然南洋同胞之命鄙人来此，非仅优游逆旅，投名问姓。将有要于诸君子

---

① 《亚齐华侨代表要求华侨代议权理由》，载刘士木编：《华侨参政权全案》，上海华侨联合会、中国图书公司 1913 年版，第 1 页。

② 《亚齐代表第一次为华侨请代议权书》，载刘士木编：《华侨参政权全案》，上海华侨联合会、中国图书公司 1913 年版，第 3 页。

也。南洋同胞于鄙人斯行,殷勤相助,曰海外汉裔望中原太平久矣。今子此行,必遇其地之贤人君子,则请掬诚尽智,为我一劳苦,并要新中华初始之代议权以归。鄙人不佞,何敢不勉。因是不惮喋喋一再请命于诸君子之前。共和国之代议权,为人民至宝,苟不负义务,而为有此权者,实为人民之贼。民国初成,凡纳税服役种种,诸未规定,将来义务所应尽,尚与海内诸省同在未定之天。而建设民国之苦辛,则南洋同胞与有劳也,试详言之。胡运未烬,大功屡蹶。远如镇南关之役,近如粤新军之役。群士不得志,则走南洋。吾侨民无不优待之,丰其羽毛,襄其再举,中原风云,蔑有不与,此自信未忘厥职者,一也;旧历三月二十九日之革命,今陆军总长黄克强君,粤军北伐总司令姚雨平君,与诸烈士进攻广州,吾侨民集款近百万以济军需。此自信未忘厥职者,二也;汪君精卫,革命功人,民国泰斗,当其直人伪都,谋诛虏酋时,侨等实赞其行。迨罹罗网,则节衣缩食,北向以祝生还。汪公私恩,何足云谋? 事幸而集。此自信未忘厥职者,三也;南洋当欧亚美航路之冲,分瓜灭种之忧,因激刺而益深。彼中豪富当无论已。其妇人孺子,以及苦力工人之俦,亦罔不锱铢累积,以待光复运动之需。此自信未忘厥职者,四也;言论机关,实为光复先职,至今卓人望者,如民报中兴报,及港之中国,汕之中华等。奚啻十数,皆为二三民国先进所缔创。而集腋于吾侨民之资者,先声不扬,难褫虏魄。此自信未忘厥职者,五也;自风谲云变以来,暗杀之功,半于攻战,温烈士以一介工师,只身渡海,遂诛孚琦。而陈敬跃林冠慈诸君亦靡不自南洋来。义烈雄风,海天递采。此自信未忘厥职者,六也;此次光复广州事前之准备,事后之整顿,吾侨民屡倡义助,而武汉战云,亦挟南洲壮气。此自信未忘厥职者,七也;北虏不驱,大仇未复,粤师万众,横海北来,期间荷铦执锐,誓扫匈奴之士,多自南洋归来。此自信未忘厥职者,八也;其他吾侨之宣力于民国者,尚难枚举。综而言之,凡前后数十次革命之风云中,靡不有吾侨心血绚染其间,此事之可征诸海内外者。夫克敌复仇,侨等天职,曾何敢执此自矜?而近日代议权之要求,则或亦斟功酌理智诸君子所可许为应有者矣。不特此也。方今民国新立,主计之官,徒手就职,居杼轴纠空之际,当中原兵火之余,万师群集,仰饷需以成军,百政待兴,非醵财而焉赖。侨民宿忠祖国,倘能假以权利,益励忠贞,则非特建国之初,克襄义助,即他日凡有可以宣力于民国者,亦不敢自为域外,以国民应有之责,尽诿诸海内诸君子也。不然,昔引而今摈之,岂共和中国所宜有者乎,且亦非驭海外。裕国计之至策也。敢请提议,临颖不胜盼切之至。"①

在这次上书中,谢碧田罗列了南洋华侨对于中国革命的种种难以磨灭的贡献,力证给予华侨代议权对于广大海外华侨和新生的民国政权都有充分的必要性。他的倡议也得到了华侨社会的支持背书。华侨联合会接连上书南京参议院、总统袁世凯,副总统黎元洪等人,要求给予华侨代表"驻院与议员有同等之权,以尽国民责任,而表华侨意见,于共和行政,不无稍补"②。

二、华侨代议权的争议与实现

华侨代表们对于争取代议权的态度非常积极,他们通过会上申辩以及投书媒体等方式,力陈华侨参政的种种正当性,在民国元年的政界引起了广泛讨论,赞成派与反对派各执一词,使得华侨代

---

① 《亚齐代表第二次为华侨请代议权书》,载刘士木编:《华侨参政权全案》,上海华侨联合会、中国图书公司 1913 年版,第 4—7 页。

② 《华侨联合会咨南京参议院文》,载刘士木编:《华侨参政权全案》,上海华侨联合会、中国图书公司 1913 年版,第 8 页。

议权的取得一波三折。在关于华侨代议权案的第一读会中,反对派占据了上风,参议院否决了华侨的议案。

在留存下来的史料中,反对派首先指出了"华侨代议权案"存在程序瑕疵。"此案性质非限法律案,应作为请愿。但照院则,请愿案必须经议员三人介绍之手续。此案亦无介绍人姓名,殊不按法律手续成立。"①其次,反对派认为给予华侨代议权从法理到实践,都存在着种种障碍,这些窒碍集中在两个方面:

第一,华侨代议权存在法理困境。在民初几部相关法律中,都没有华侨代议权的有关规定,华侨代议权没有法理依据。在中华民国最初在设置议会相关法制时,并没有把华侨作为单独的群体加以考虑,因此在《中华民国临时政府组织大纲》中,只规定参议院的参议员"每省以三人为限,其派遣方法,由各省都督府自定之"。虽然从 1912 年 1 月起,华侨代表就开始通过各种管道呼吁华侨代议权,但是 1912 年 3 月 11 出台的《中华民国临时约法》,依然没有将"华侨代议权"入法。《临时约法》第三章"参议院"中,第十七条规定"参议院以第十八条所定各地方选派之参议员组织之";第十八条则规定"参议员每行省、内蒙古、外蒙古、西藏各选派五人;青海选派一人。其选派方法由各地方自定之。参议院会议时每参议员有一表决权"。与《临时约法》配套的《选举法》也并未单就华侨问题有任何特别规定。华侨作为中华民国的公民当然有选举权和被选举权,一如国内一般公民,可在原籍地行使。这一论点在 1912 年 5 月 2 日国务院回复华侨联合会的电文中已显示了非常明显:

---

① 《参议院提议华侨要求代议权案(第一读会)》,载刘士木编:《华侨参政权全案》,上海华侨联合会、中国图书公司 1913 年版,第 21 页。

"华侨联合会大总统交艳电悉,海外华侨眷念宗邦,民国肇基,厥功甚伟。所请选派代表驻院与议,尤足见关心祖国之至诚。惟选派参议员,《临时约法》以各行省、内外蒙古、西藏、青海等地为限。约法未更,势难加入……"①

也有议员提出,根据权利和义务一致性原则,华侨的代议权应建立在履行公民义务的前提上,这种义务具体指《中华民国临时约法》第二章"人民"第十三条和第十四条之规定,人民依法律有"纳税之义务"和"服兵之义务"。这两项义务与十二条所规定的选举权,应"对等对待"。"今华侨远在海外,其对于祖国是否有纳税服兵之义务?如果有之,则华侨固可有此权。而约法又是否可施行于民国领土范围之外,否则义务可不顾,而权利可享,有恐中华民国之国民,人人皆愿为华侨矣!"②

除此之外,还有双重国籍问题。假使选出的华侨参议员身兼两国国籍,在中华民国行使参政议政重要公权力的同时,还要向其他国家履行义务,对华侨参议员的忠诚度难免存在疑虑。何况公民享有两国公权,极易产生新生的中华民国政权并不乐见的,与欧美列强的"国际交涉"。

在华侨之中,享有两国公权的情况不在少数,"华侨在美国者,数达二百万余,大半已入外人之籍。在南美哥伦比亚、墨西哥者,约数十万之数,皆工人。在北美之坎拿大(加拿大)者,约五、六万之数。在檀香山者,亦达十万之数,虽云寄居,实皆该地土生之人。而在美国及南美等处者,并已得有投票权……至南洋各地之华侨,

---

① 《国务院覆华侨联合会电》,载刘士木编:《华侨参政权全案》,上海华侨联合会、中国图书公司 1913 年版,第 9—10 页。

② 《参议院审议华侨要求代表权案报告(继续读会)》,载刘士木编:《华侨参政权全案》,上海华侨联合会、中国图书公司 1913 年版,第 56 页。

则率居于荷兰属地。荷兰新例，凡旅居者，非迫入荷籍不可。此外在新加坡、槟榔屿者，亦均有寄居地之投票权。在安南之河内者，数亦十余万。虽无投票权，然亦大半皆土生之人。在暹罗者，人数已达二百万，不独皆入暹罗国籍，且可作行政官……"①尤其是被"租借"给英国的香港，还有被"割让"给日本的台湾，情况更为微妙。按照当时血统主义的国籍观，香港和台湾的原住居民都是中国人，他们也应被视为华侨，也应给予他们参政权利。这必然会使中华民国陷于两难境地。这种担心也并非杞人忧天，英国公使就曾以 1913 年 3 月来函，反对华侨选举，反对"以属于英国法律之华人，而在他国（任）国会代表"。②

第二，选举操作上的实际困难。选举法是华侨代议权立法之根本，华侨侨居海外，选举操作的实际困难，也是反对华侨代议权的重要原因。在选区划分方面，华侨散居世界各地，如何在中华民国行政不可履及之地，划分适合选区，统计适格选民，存在可操作性问题。民国时期海外华侨人数在六、七百万，在当时历史条件下，对侨民进行正式、精确的统计，是一件几乎不可能完成的任务。在谢碧田向参议院提出华侨代议权议题之初，参议院就要求吕志伊（曾接受谢碧田请托的提出华侨代议权的云南代表）将华侨大略数目并侨寓地方列表，交由大会决议。但是吕志伊一直没办法交出"列表"（今吕君尚未列表交来。当再催其速办，以便决议③）。而此后在参议院就华侨代议权立法进行讨论时，也没有具体华侨

---

① 《参议院审议华侨要求代表权案报告（继续读会）》，载刘士木编：《华侨参政权全案》，上海华侨联合会、中国图书公司 1913 年版，第 44—45 页。

② 李盈慧：《华侨政策与海外民族主义（1912—1949）》，（台湾）国史馆 1997 年版，第 156 页。

③ 《参议院提议》，载刘士木编：《华侨参政权全案》，上海华侨联合会、中国图书公司 1913 年版，第 3 页。

适格选民的数据,只是笼统地提出华侨在美二百万余、在加拿大五、六万人而已。

在选举规则方面,既然无法统计华侨选民的数目,华侨又遍布世界各地,也就无法适用国内选举法,按照选区配额议员,必须在国会组织法和选举法中特别规定华侨选举规则。

华侨选举还存在一些程序上的困难,要使华侨切实地参与到选举中,则要在海外进行选举以便投票。然而就算抛除"只有列强才会在海外殖民地举行选举"的国际现实,海外选举在技术层面也存在种种问题。如选举主办的问题,在海外最具官方身份的机关就是使领馆,但是使领馆主办甚至监督选举,却绝不可行。毕竟参议院是立法机关,而使领馆则是行政机关的组成部分,以行政权影响立法权,必然违背宪法精神。再或者华侨选举相关诉讼的管辖权的问题,如果一旦发生选举纠纷,华侨应该向哪个机关提起诉讼。如果管辖机关派出司法人员去该选区进行司法调查,又会出现与侨居国之间的主权冲突问题。

华侨代表们并未放弃努力,华侨联合会致电参议院,对参议院审查报告中的否决理由进行辩驳,指出华侨与祖国隔绝已久,虽有原籍然家产均在国外,在原籍行使选举权和被选举权较之海外选举更无可操作性。

在他们的解释与努力下,参议院又在北京重开华侨代议权案的讨论。认为此前在南京讨论时,议员们只"就害处设想,并未就利益上研究"①。给予华侨代议权还是有其必要性的,主要原因有二:

----

① 《参议院续议华侨要求代议权案》,载刘士木编:《华侨参政权全案》,上海华侨联合会、中国图书公司1913年版,第34页。

其一为华侨的贡献。此处的华侨贡献分为两个部分，一方面是在辛亥革命乃至民国建立的过程中，华侨已经做出的贡献。纵使反对华侨代议权的人也不得不承认，华侨对辛亥革命不遗余力，贡献良多。时有华侨在报纸上质问反对华侨代议权的参议员张伯烈时，就力数华侨的种种贡献，"华侨之余祖国，赈灾助饷，创实业，举公债，十七次革命之失败，且多有殉难者"，并诘问"设不予以参政权，是徒有义务之可尽，而无权利之可享，世界宁有此公理乎?"①另一方面则是民国存续和发展还需要华侨继续做出贡献。有华侨提出，虽身在国外无法履行纳税和兵役，但是华侨也可以以国民捐、买公债的方式来替代。华侨也确实也这样做了。仅以国民捐为例，从 1912 年 6 月开始国民捐制度到 1913 年底，华侨国民捐数目为银 724139 两，大洋 880835 元，还有大量的英金、日元和俄钞；相对比而言，国内国民捐则为银 456640 两，大洋 21754元。② 数目比对之下，可以看出华侨对于民国政府的热情。抗日战争华侨也踊跃捐款，为国内助力，做出了重要贡献。

另一点则是晚清以降的华人参政议政先例。对于华侨回国参政议政，清朝末年已经"解禁"。清政府实施新政时，华侨就是"新式人才"的重要来源。1907 年，清政府为"预备立宪"而筹建资政院和咨议局，以"立议院基础"。③ 华侨参政热情也空前提高，在各地方咨议局中，不乏华侨特别是华侨商人的身影。如广东咨议局中就有印尼巴达维亚华侨，也是当时的东南亚首富张振勋。他因

---

① 《为华侨请求参政权事质问张伯烈》，载刘士木编：《华侨参政权全案》，上海华侨联合会、中国图书公司 1913 年版，附录舆论第 16 页。

② 李盈慧：《华侨政策与海外民族主义（1912—1949）》，（台湾）国史馆 1997 年版，第 373 页。

③ 《资政院等奏拟订资政院院章折》，载故宫博物院明清档案部汇编：《清末筹备立宪档案史料（下）》，中华书局 1979 年版，第 627 页。

捐巨资回国办实业而受爵，位列广东政府所聘请的 22 议绅，从广东咨议局筹备之初便参与其中。清政府也下令要求在咨议局"酌荐华侨若干人，充当议员，代表海外侨胞，处理有关事宜"，并"附席陈述"。[①] 清政府的这种拉拢或"优容"也使得海外华侨对参与国内政治十分适应，视为一种其来有自的传统。孙中山在海外奔走，宣扬革命，而华侨也为中国革命倾囊相助诸多支援，对革命的成果——新生民国政权自然有很多期待。若其得到的待遇与晚清时代持平，即折中派所主张的"华侨可以参与，但不能表决"，甚至不如晚清，必然动摇中华民国政权基础，也不利于国家的长远发展。

经过一番博弈，参议院全院委员会接手审议该案，并提交了《参议院审议华侨要求代议权案报告》。1912 年 5 月 17 日，北京临时参议院第八次会议表决通过了《审议华侨要求议权报告》，最终确定华侨应有代议权。但是对于如何实现代议权，参议院仍莫衷一是。

三、华侨选举立法与实践的趋向

华侨选举如何操作，可说是华侨代议权立法面对的最大的困难。在参议院讨论中，即使是赞成给予华侨代议权的议员对此也有所保留。认为"代议权可与，惟选举方法必从长计议。"在经过讨论后，1912 年 8 月，北京政府出台了《国会组织法》和《选举法》，明确华侨参议院的名额和选举办法。《国会组织法》第二条规定"由华侨选举会选出者六名"，成为参议员。具体操作则规定在《参议院议员选举法》、《参议院议员选举施行细则》和《华侨选举会施行

---

① 周南京主编：《华人华侨百科全书·法律条例政策卷》，中国华侨出版社 2000 年版，第 447 页。

法》中。

《参议院议员选举法》第六章"华侨"专章规定：

"第三十八条　华侨选出之参议员之名额，依国会组织法第二条第六款之规定。

第三十九条　选举人以华侨选举会会员为之。

第四十条　华侨选举会由华侨侨居地所设各商会各选出选举人一名组织之，前项商会以经本国政府认可者为限。

第四十一条　华侨选举会设于民国政府所在地。

第四十二条　选举监督以工商总长充之，选举时间及场所选举监督定之。

第四十三条　华侨选举会会员因故不能到会时，得具委托证书委托相当之代理人到会行使其选举权，但代理人以代理一人为限；前项委托证书须经本人签名并录该商会图记，凡选举会会员不得为代理人。"①

对于这些法律条文，华侨联合会积极提出了修改意见。其一是对第四十条中"华侨选举会由商会选出选举人组织"的部分，华侨联合会认为"商会乃埠中之一团体，其未设商会之埠，指不胜屈，且其他有功于民国之各团体及工界学界，随处皆有。"将选举权付于少数商会独有，有失公允；其二是对四十三条委托投票的规定，华侨联合会认为选举会责任重大，若不能到会就应辞职让贤，而非委托他人行使权力。②

华侨的意见也为立法所考虑采纳，尤其是关于华侨选举会的

---

① 《参议院议员选举法》，载刘士木编：《华侨参政权全案》，上海华侨联合会、中国图书公司1913年版，附录第48—49页。

② 《华侨联合会上参议院请修改华侨选举法电》，载刘士木编：《华侨参政权全案》，上海华侨联合会、中国图书公司1913年版，第68页。

部分,在其后出台的《参议院议员选举施行细则》第六章"华侨"中有所反映:

"第二十二条　华侨选举会会员,由各该华侨侨居地之商会、中华会馆、中华会所、书报社于其具备左列资格之人内,依历年公推会长、馆长、所长、社长等相当职员之习惯办理。

一、有中华民国国籍之男子年满二十五岁以上者

二、有值五佰元以上之不动产或动产者

三、无众议院议员选举法第六条所列情事之一者

前两项各商会、中华会馆、中华会所、书报社公推之人,到京即时呈报该选举监督。俟审查凭证相符,认为会员后,依其名额,造成选举人名册。

第二十三条　前条会员非依《参议院议员选举会施行法》第二条第二项①之规定审查相符,其选出之人为无效。"②

1913年元月,工商部公布了《办理华侨选举事务所章程》九条,根据该章程,华侨选举事务所附设于工商部内,并规定了选举事务所的人员配置,机构组成,责权范围等。华侨选举事务所由工商总账委派干事九人组成,其中一员为主任,其他则充任招待、文牍、庶务三科,统归工商部长分派。华侨事务所运作依据《参议院议员选举法实施细则》,公费由工商部供给。③ 华侨选举事务至此

---

① 《华人选举会施行法》第二条第二项:"前项商会,以经本国政府认可者为限;中华会馆、中华会所、及书报社以选举法公布前设立者为限。",见《参议院议员选举法之华侨选举会施行法》,载刘士木编,《华侨参政权全案》,上海华侨联合会、中国图书公司1913年版,第78页。

② 《参议院议员选举法施行细则》,载刘士木编:《华侨参政权全案》,上海华侨联合会、中国图书公司1913年版,附录第83页。

③ 全文见《政府公报》1913年1月30日,第264号,载武昌辛亥革命研究中心编:《辛亥革命史事长编(第十册)》,武汉出版社2011年版,第337—338页。

"万事俱备"。

1913 年 2 月,北洋政府在北京进行了华侨参议院选举,一共有 180 多名华侨代表回国参加选举,产生了 6 名参议员,分别为唐琼昌(美国大同日报社长)、朱兆莘(留美学生)、吴湘(南洋英属地侨商)、蒋报和(荷属印尼泗水侨商)、谢良牧(马来西亚槟榔屿侨商)和卢信(檀香山自由新报社社长)。[①] 并选举刘芝芬等 6 名候补当选人。而除华侨参议员外,还有暹罗归侨卢柏良、陈景华等当选国会议员。而在华侨大省福建与广东,则有更多华侨当选了省参议员。如广东省参议院有菲律宾华侨杨永泰、美洲华侨温雄飞、冯自由等担任议员,李佩兰当选华侨妇女代表。在福建方面,1912 年初,福建政府颁布《福建临时议会选举章程修正案》,规定 90 名议员中应有 15 名为华侨议员,由海外闽籍华侨社分区选出,作为侨籍议员归国出席省临时议会。新加坡华侨张际升、蒋玉田就是据此当选。[②]

这次从 1912 年 12 月初到 1913 年 3 月的中华民国第一届国会选举,是华侨史上第一次选举。从华侨 5 月取得代议权到 8 月《参议院议员选举法》出台,不过时隔 3 月时间,此后又经历种种争议修正《华侨选举施行法》,于 1913 年的春天就完成了选举。民国初立千头万绪,华侨选举时间又十分仓促,为了方便选举,选择由海外华侨团体推选选举人,再由这些选举人返京再行选举的这种两阶段式的间接选举办法,虽然于选举人代表性与选拔标准等问题上难免争议,但是这样的权宜方法,在当时的历史条件下,是可以接受的。

---

　　①　杨建成:《华侨参政权之研究》,(台湾)文史哲出版社 1992 年版,第 14 页。
　　②　任祥贵、李盈慧:《中华民国专题史·华侨与国家建设卷》,南京大学出版社 2015 年版,第 150 页。

　　1913 年 11 月,袁世凯下令解散国民党、取消国民党国会议员资格,遭到参众两院的联合抵制,国会与政府分歧愈演愈烈,政府方面终于 1914 年 1 月宣布解散国会。从此以后,华侨选举成为民国选举制度的重要组成部分,而华侨选举立法也数次变更,选举程序不断进化。

第三章　国民党与华侨参政

第一节　国民党海外支部与华侨参政

中华民国成立未久,袁世凯就篡夺了革命果实。1912年4月,孙中山卸职临时大总统,5月临时参议院搬往北京,国会选举准备工作启动,而各种政党团体也应运而生。以宋教仁为代表的革命党人决定改组同盟会为国民党,通过合法的国会斗争取得政权,组建责任内阁。同时宣布改组海外的同盟会支部,与此同时,北美洪门致公堂也有了在国内登记组党的想法。华侨参政进入了一个新的阶段。

一、同盟会改组

同盟会改组为国民党,其海外支部也随之改组。根据1912年《国民党规约》第三章第十七条规定,"凡国外要地寄居华人满千人以上者,设支部综理该地党务,并监督分部。其寄居不满千人之地方,设分部隶属于附近之支部,管理各该地党务"。孙中山为此特致电南洋华侨要求南洋华侨同盟会改称"国民党南洋支部",而国民党也特别派遣吕志伊前往南洋主持改组事宜。"星洲为总汇区,定为国民党交通部,各大埠为支部,小埠为分部,各埠俱依命改组"。槟榔屿支部还曾试图向当地政府寻求党团注册,却并未得到批准。而新加坡方面则由汪精卫主持改组,新加坡本来就是华人聚居区,响应华侨为数不少,很快组成了新加坡总支部。南洋其他地区以及日本各主要华侨聚居地都完成了改组。

而美洲地区的华侨由于致公堂与孙中山关系破裂,加之另有组党想法,对加入国民党表现相对冷淡。除了同盟会固有成员中间,并未引起广泛响应。北美国民党支部为旧金山、三藩市两个支部,到1914年冯自由接任代理支部长的时候,国民党在美党员约为7000左右。

二、中华革命党海外改组

1913年,宋教仁遇刺身故,孙中山掀起二次革命,获得海外华人的支持。许多华侨特别是反清华侨对于孙中山下野交权袁世凯的决定本就心存不满,其后袁倒行逆施,更让他们厌恶非常,纷纷投入讨袁大潮。尤其是1915年日本政府向袁世凯政府提出丧权辱国的"二十一条",却为袁世凯所接受。各地华侨组织纷纷通电,表达了强烈的愤慨之情,并自发地组织抵制日货,爱国募捐的行动。

二次革命失败,孙中山与黄兴东渡日本。孙中山将革命失败的原因归结于国民党党组织不够坚固,决定再建新党。1914年8月,中华革命党宣告成立,他出任总理,并以其为中心建立了中华革命党总部,并通电国内外原本的国民党支部,依法进行改组,以便"国内实行,海外筹款",共同完成革命事业。国内各支部按照《中华革命党各省支部通则》整改,而针对国民党海外支部,孙中山发出公告,要求各按照《海外支部通则》、《中华革命党党务部向海外各国民党支部交通部改组为中华革命党支部通告》要求改组机构,所属国民党员,甚至洪门中人一律加入中华革命党。《海外支部通则》制定并颁行于 1914 年 12 月,共 36 条。

他甚至还特别致函各地洪门组织,要求"各埠洪门团体急起直追,共图革命事业,并全部填写誓约,加入中华革命党。"①

据统计,中华革命党东京总部发出的委任令有 79 号,其中有 60 多号是委任海外支部、分部的;被委任各种职务的华侨达 400 多人,其中支部长和分部长 160 多人,建立分、支部共 96 个,其中支部 40 个,分部 56 个。②

除了日本方面横滨支部随即改组,并成立神户、大阪支部扩大"经营"外,南洋各地华侨的反应也可算热情。中华革命党总部任命了马来亚华侨张民达为南洋联络员,各地国民党支部多有相应。如槟榔屿国民党支部最终决定改组,所有党员都同意加入中华革命党。在保怡地区,则是由老同盟会员郑螺生等人带头加入,他们还发展了百余名以锡矿工人为主的华侨入党,壮大了党组织。在印尼巨港,中华革命党支部刚成立既有 500 名印尼华侨加入。

而在北美,中华革命党仍保留了国民党之名,不过改组却照常进行。到 1915 年 4 月,美洲华侨军事研究社发布的简章记叙:"旅美吾党势力日盛,党员达一万数千人,分会密布四十八省,入党者尽爱国有为青年。"③

此外在英国、在澳洲等地,中华革命党皆有所斩获,建立起各

① 《各埠洪门改组为中华革命党支部通告》,载《孙中山全集(第三卷)》,中华书局 1981 年版,第 141 页。

② 黄季陆主编:《中华革命党史料》,台湾中央文物供应社 1969 年版,第 245—246 页。

③ 任祥贵、李盈慧:《中华民国专题史·华侨与国家建设卷》,南京大学出版社 2015 年版,第 184—185 页。

种海外支部、分部等组织。

然而中华革命党却原未如同盟会改组国民党时的顺利。主要原因有三：

首先，国民党内高层如黄兴等人都认为以国民党当时的情况，并不需要另起炉灶，只需对国民党进行改组。

第二，中华革命党被塑造成一个会党形式的政党，而非现代政党。其党章不但反民主，还试图在党内实行党员等级差序以及个人效忠，许多元老党员及华侨党员并不愿加入。而且中华革命党的一些理念也有违天赋人权、民主共和的共识。如《中华革命党总章》第十三条规定"凡非党员在革命时期之内，不得有公民资格"；《筹款奖励章程》也有规定"助资百元以上者，虽未入党，亦得有公民资格"。这种只有入党或者捐款才能成为中华民国公民，享有本应理所应当享有的公民权利的党派，让一些爱国华侨也难认同。

第三，孙中山与洪门的关系破裂，英属加拿大致公堂发表"全体宣言"，在华侨中散发传单表示反对，这使得许多美洲华侨不愿意响应入党。① 致公堂在北美华侨中根基深重，影响深远，致公堂总堂抱持反对态度，自然会降低广大华侨的积极性。

中华革命党远未算取得成功，也表现在华侨筹款疲软无力上。在华侨之中筹款是中华革命党海外支部的重要"义务"。根据《海外支部通则》第九条之规定，"海外支部党员有享本党共同保护之权利，也有事前筹款之义务。"而"筹款义务"在《各省支部通则》中却从未提及，可见中华革命党对海外华侨经济援助的期许。

在中华革命党成立后，孙中山就聘请了二次革命失败后回到

---

① 黄三德在《洪门革命史》中提到"此函（即《各埠洪门改组为中华革命党支部通告》）到各埠致公堂之后，大多数皆不以为然，无有遵函改组者。盖各埠洪门人士对于孙文，已失信仰之心。"

南洋经商的华侨实业家、同盟会资深会员邓泽如为中华革命党财务部长。邓泽如显然也很了解孙中山的需要，他以"往来于南洋各埠，策划筹款，无法抽身赴东京就职"推迟不就。孙中山则顺势任命他为南洋各埠筹款委员长，统筹南洋募款事宜。邓泽如在1915年11月陪同孙中山代表许崇智等人统筹推销中华革命党公债券，最终筹得339824元。①

这次筹款却并不顺利。美洲地区主要筹款机构——美洲支部民国维持总会在1916年底之前，收到捐款总额约20万美元，与当年洪门筹饷局为民国成立筹款，仅旧金山一地不到三个月（从1911年10月10日武昌起义到1912年1月1日南京临时政府成立）便筹得超过20万美元，已不可同日而语。概因虽然成立了若干中华革命党支部，却已与致公堂总堂无关，在华侨中筹款自然也事倍功半。1914年到1916年间，中华革命党向海外华侨借债共约日金74万元，英洋110万元，另又向日人借款100万元。②

然而相对于国内中华革命党的涣散，海外党支部不需直接面对袁世凯势力的直接压迫，凝聚力相对较强，这也有利于党派引领海外讨袁运动的进行。另有如北美洪门致公总堂所代表的反孙华侨派系，他们不赞成中华革命党选择不入党，却也在讨袁活动中尽心尽力。为倒袁成功贡献了自己的力量。

三、国民党海外改组

袁世凯过世后，孙中山很快宣布革命党完成了阶段性任务，又

---

① 邓泽如：《中国国民党二十年史迹》，转自李盈慧：《民初海外华侨对孙中山反袁的回应及其影响》，载国务院侨务办公室政法司编：《海外华侨与辛亥革命》，世界知识出版社2012年版，第100页。

② 李盈慧：《民初海外华侨对孙中山反袁的回应及其影响》，载国务院侨务办公室政法司编：《海外华侨与辛亥革》，世界知识出版社2012年版，第101页。

将该党改回中国国民党。1919 年 10 月，《中华革命党改组为中国国民党通告》向海内外发表。1920 年 11 月，替代《中华革命党海外支部通则》的《中国国民党海外支部通则》出台，这部规章共 33 条。对支部设立的条件，隶属关系，海外党员权利义务，组织构成，部门权责范围等等作出了详细的规定。主要包括：

第一，海外支部和分部的设立条件。海外支部设立的条件可分为两个部分，在经济方面能够自负每年千元以上的事务所经费；在组织方面则有下列四种情形之一：

1. 原有中华革命党支部

2. 由本部直接委任组织者

3. 联合原有数分部党员至千人以上者

4. 各种团体人数过千，照章写立愿书，缴入党捐而改组者。

而海外分部设立，在组织方面则有两种情形，或者为原有海外中华革命党分部，或者吸纳新进党员超过五十人以上，得组成中华革命党海外分部。

第二，入党及党员权利义务。凡欲在海外加入中华革命党，都要先向支部提交入党志愿书，由海外支部或总支部汇总寄回本部事务所，由国内统一颁发证书。海外党员的权利义务则分为两部分，一为《中国国民党规约》（1910 年 10 月 10 日）所规定的权利义务：

"第四条　党员入党时须纳入党金十元，每年年捐一元。

第六条　凡党员须遵守本党一切规则。

第七条　党员不得兼入他党，不得自行脱党。"①

---

① 《中国国民党规约》，载《孙中山全集（第五卷）》，中华书局 1985 年版，第 413 页。

一为在《海外支部通则》中规定的三项权利:享本党共同保护之权利;享本党抚恤之权利;享本党表彰之权利。而在《中华革命党海外支部通则》中规定的"筹款义务"则被取消。

第三,海外支部的组织机构及职权。这部通则继承了中华革命党海外支部组织架构,也设立执行、评议两部;在执行部下,则有总务、党务、交际、会计四科,调查科的部分职能被并入总务科中。因为已经完成了历史使命,有关筹饷局的部分也被取消。评议部则要求由十到三十个评议员组成。遇事由评议长召开会议表决。海外分部与海外支部组织构架大体相同,只是人员精简,可以兼任。①

四、海外华侨与倒袁运动

国民党三次改组,皆与袁世凯相关,而海外华侨无论对国民党支持与否,在倒袁的立场上却是与国民党一致的。毕竟辛亥革命成功、中华民国建立是海外华侨为之奋斗多年才实现的目标,对于这一"胜利果实",海外华侨都极为珍视。在袁世凯暴露出破坏共和,意图恢复帝制的姿态时,自然引起广大海外华侨的竭力反对。

从 1912 年到 1916 年,海外华侨对祖国政治的关心与参与,是以倒袁活动为中心,服务于要共和还是要帝制这对儿主要矛盾。除了上文所提到的加入革命政党、捐款筹饷外,海外华侨还通过通电、刊文、组织社团、培养人才等多种方式,支援着倒袁斗争。

其实在孙中山让位袁世凯时,一部分华侨就已是忧心忡忡。袁世凯清廷权臣的身份以及在百日维新中曾扮演过不光彩角色的"黑历史",包括孙中山的兄长孙眉,正寄居海外的容闳等人,都心存芥

① 《中国国民党海外支部通则》,载《孙中山全集(第五卷)》,中华书局 1985 年版,第 418—422 页。

蒂。容闳指出"以袁世凯、唐绍仪控制新政府,就简直如满清重新执掌政权一样糟糕。"而澳大利亚革命侨报《警东报》则直斥袁世凯"屠杀本族的满族走狗"。而在致公堂大本营的北美,各处华侨更是反应激烈,"中山前推举项城,已大为各处华侨反对……近因都北京事,各处华侨又纷纷电争。美洲来电且多责备中山之隔,辞甚激烈。"①当然也有华侨对袁世凯仍心存幻想,听闻袁世凯就任大总统,海外各地华商总会如菲律宾、汉城、芝加哥等多有贺电。也有一些华侨如陈建源、李莲士等以个人名义表示祝贺,对袁寄予厚望。然而随着袁世凯真面目的暴露,经过刺杀宋教仁、与日本签订《二十一条》以及称帝等事件,华侨各界逐渐凝聚共识,群起讨袁。

1913 年 3 月,宋教仁于上海遇刺,宣告了国民党以国会斗争、选举执政的努力破局,引起了海内外广泛回响。海外华侨纷纷致电北京政府,要求依照国法,严惩真凶,告慰英灵。北京政府试图编造借口搪塞物议,伪造真相引导舆论,却被槟榔屿华侨查明真相公布于华侨社会,而孙中山也提出了"二次革命",海内外大规模倒袁活动由此开始。

为了镇压二次革命以及后续称帝事宜、寻求列强支持,袁世凯多次绕开国会向列强借款,在一些有关国家根本利益——如外蒙、伪满洲国等问题上向列强卑躬屈膝。各种风言风语传到海外,华侨社会为之哗然,纷纷致电北京政府,谴责这种"丧主权、辱国体"的行为。而这种情绪在日本驻华公使提出卖国《二十一条》袁世凯却"原则上同意"的消息爆出后,达到了顶点。各侨团、侨报纷纷通电刊文,旗帜鲜明反对袁世凯的决定。

---

① 冯自由:《冯自由致汪精卫魏宸组电》,载黄彦、李伯新编:《孙中山藏档选编(辛亥革命前后)》,中华书局 1986 年版,第 438 页。

较早有所反应的日本的中华商会,他们得知后很快通电昭告反对签订二十一条的立场,认为一旦承认了二十一条便会立失主权,步上朝鲜后尘。要求袁世凯政府力拒二十一条。袁世凯并无回应,海外各地华侨的态度愈发强硬。在南洋地区,菲律宾怡朗中华总商会致电北洋政府相关部门,指出"国权所在,万死不屈",要求袁世凯即"受民所托"就不要"苟安旦夕",要与日本对抗到底。而小吕宋华侨则专门组织救亡团,号召所有华侨不要寄希望于误国屈膝的袁世凯政府,应搁置党派歧见,一致对抗日本吞并中国的野心。他们召开反日集会,发动"拒日"捐款,引发菲律宾侨社广泛回响。新加坡华侨报纸声讨袁世凯,还要求将其承认"二十一条修正案"的 5 月 9 日定为国耻日,反对之情可见一斑。

美洲华侨方面,得知"二十一条"相关消息后,各侨团纷纷致电袁世凯表达了强烈的反对之情。旧金山华侨还专为此事组织了团体救国会,各侨团纷纷表示"日约死拒,至战筹饷",要求北洋政府坚决拒绝日本方面的无理要求。[1]

迫于海内外的压力,"二十一条"的图谋终于没能付诸现实。孙中山领导改组后的中华革命党在海外运作,力图三次革命;袁世凯则一步一脚印,走向了称帝不归路,引发了海外华侨舆论哗然。各地侨团纷纷一如既往,以通电为手段,强烈抨击袁世凯"叛国称帝、神人共愤",号召国民"会合进兵,勒令退位,按照民国约法,判决执行袁贼之罪"。[2]

各地侨报充分发挥了喉舌功能,对袁世凯口诛笔伐。对于袁

---

① 任祥贵、李盈慧:《中华民国专题史·华侨与国家建设卷》,南京大学出版社 2015 年版,第 170—171 页。

② 华侨革命史编纂委员会编:《华侨革命史(下册)》,台湾正中书局 1981 年版,第 514、517 页。

世凯,各地革命侨报一向存疑。旧金山侨报《少年中国晨报》早在1911年11月就曾刊文《袁世凯乌足以当大事者乎》,直斥袁世凯为"满清驯奴","断不能当大事"。《中西日报》更于1912年1月就刊文断言袁世凯是野心家阴谋家,"欲使其身所享无帝王之名,而有帝王之实"。尤其是在迫于袁氏高压,"国内宣传机关全停之时",海外侨报就成了讨袁运动的宣传阵地,起到了重要的作用。加拿大华侨曾石泉就是在《新民国报》上发表讨袁檄文,号召加拿大华侨回国投入战斗,建立回国讨袁义勇团。

美洲华侨对武装讨袁也有所贡献。在袁世凯宣布称帝前,美洲华侨中的革命党人就已经有了对党员进行军事教育以备将来,并为此组织了军事社。数百年华侨青年参加了该社,并将此模式推广到了加拿大其他主要城市。袁世凯公开称帝后,广东籍华侨夏重民在温哥华召集组成了"讨袁敢死先锋队",并吸引了500多名华侨参加。1916年4月,讨袁敢死队的300名队员远渡重洋前往日本,并在5月底秘密回国,组成了"中华革命军东北军华侨义勇团",归于居正麾下。

而在美国,则有"救国社"响应"航空救国"的号召,将讨袁捐款用于培养空军人才上。他们将有志爱国华侨青年送入美国航空学校受训,到1916年又成立了民强航空学校,为国内输送了数十名航空人才。与民强航空学校相似的,还有位于旧金山附近的中华飞行学校,这个学校为中华民国空军输送了不少人才。此外,在菲律宾的马尼拉,中华革命党总部所在的日本,华侨们也创办了航空学校,为讨袁培养航空人才。[1]

---

[1] 任祥贵、李盈慧:《中华民国专题史·华侨与国家建设卷》,南京大学出版社2015年版,第195—196页。

第二节　南京国民政府华侨参政法规

1927 年 9 月,中国国民党各派系暂时联合,南京国民政府与武汉革命政府合并,在 1928 年东北易帜后,成为代表统一中国的最高政府,开始了二十余年的执政。国民党自同盟会时代就与海外华侨有千丝万缕的联系,而华侨在革命与民国建立后每一个重要历史事件中,都给予国民党有力支援。为了支持国民革命军北伐,海外华侨组建的北伐后援会就有 524 个,会员达百万余人,为北伐军捐献了大批资金与物资,更有华侨青年舍生忘死,归国参战。[①] 南京国民政府制定政策法律承认华侨的地位,既符合国民政府的利益,也是对华侨贡献的投桃报李。

一、《国籍法》的修订

在 1928 年完成政治统一中国之后,1929 年 2 月,国民政府公布了新的《中华民国国籍法》。这部法律承接 1913 年国籍法,将散居世界各地的华侨都纳入中国国民的范围,相比 1912 年版本的《中华民国国籍法》,1929 年国籍法更为强调血统主义,并允许双重国籍的存在。其主要特点有:

第一,相对于 1912 年国籍法,1929 年国籍法更强调父系血统主义原则,对出生地主义有所削弱。这在"固有国籍"规定中表现得非常明显。在两部国籍法第一条第三款中,前一部国籍法规定"父无可考或无国籍,其母为中国人"的情况下,须"生于中国地"才

---

① 刘华:《华侨国籍问题与中国国籍立法》,广东人民出版社 2005 年版,第 130—132 页。

能生而为中国人。而在 1929 年国籍法中,却删去了"生于中国地"这一条件。在这一点上,1929 年国籍法与《大清国籍条例》保持了高度一致,意求最大程度上保留华侨国籍。

第二,不回避国籍冲突,允许双重国籍存在。世界各国国籍立法采取的原则不同,在实践中导致个人无国籍或持有多重国籍的情况不可避免。而从国家管理、国民权利保障乃至国际关系的角度出发,"一人一籍"无疑更符合国籍法的立法趋势。然而 1929 年国籍法却反其道行之,相比 1912 年国籍法留下了更多国籍冲突的余地。如 1912 年国籍法规定外国人或无国籍人归化,须确定其"本无国籍或因取得中华民国国籍即丧失本国国籍"(第二条第五款),但在 1929 年国籍法中却删除了这部分内容。也就是说外国人入籍中华民国不需以"丧失本国国籍"为条件,可有双重国籍甚至多重国籍。

第三,设置出籍限制,追求保有最大数量的本国人口。增加对国籍丧失的限制。根据 1912 年国籍法第十二条规定,在五种情形下丧失中国国籍:

"1. 为外国人妻取得其夫之国籍者。

2. 父为外国人经其父认知者。(以年满二十岁以上,依中国法有能力并经内务部许可者为限。)

3. 父无可考或未认知,母为外国人或经其母认知者。(以年满二十岁以上,依中国法有能力并经内务部许可者为限。)

4. 依自愿归化国外,取得外国国籍者。

5. 无中国政府许可为外国官吏或受中国政府辞职之命令仍不从者。"

1929 年国籍法针对这五条进行了修正:首先,女性并不因涉外婚姻入籍他国而当然丧失中国国籍,而是需要"自请脱离国籍,经内政部批准"，否则将保有中国国籍。其次，因父母认知取得他国国籍的条件，修正为"依中国法未成年人或非中国人之妻"，增加了"非中国人之妻"，显然是宗法角度对于已婚女性出籍做出了限制。

第四，因自愿取得外国国籍而丧失本国国籍，原来本无条件限制，在 1929 年国籍法则增加了"以年满二十岁以上，依中国法有能力者为限"的但书。

第五，取消了中国人非经中国政府许可不得在外国担任公职的条件。

1929 年国籍法的制定，为海外华侨国籍身份的认定提供了法律依据，也为华侨行使自己的政治权利作出了准备。

二、南京国民政府时期的华侨选举及相关法律

南京国民政府时期，国家进行了三次华侨选举，分别是为 1931 年国民会议、1936/1946 年制宪会议、1947 年国民大会，并逐渐对海外华侨选区进行了细化。

	1931	1935/1946	1947
亚洲	（5）日本（6）菲律宾（7）缅甸（9）印度（12）朝鲜（16）安南（17）荷属东印度（18）英属马来亚（19）暹罗	（8）菲律宾（10）马来西亚（11）印度（12）缅甸（13）安南（14）暹罗（16）日本（17）朝鲜（21）荷印（22）香港（23）澳门	（12）菲律宾之宿务、朗芒芽地、三宝颜、苏洛、古达吗岛及附近地方（13）菲律宾之马尼剌、怡朗、杉吗、礼智及北吕宋附近各岛（16）香港（17）澳门（18）日本（19）朝鲜（20）安南之南坼、高棉（21）安南之中坼、北坼、老挝（22）缅甸（23）印度及亚洲西南各国（24）暹罗之曼谷（25）暹罗之佛统、叻呸、通扣、万仑、宋卡、北大年（26）暹罗之大城、北柳、柯叻、武温（27）暹罗之华富里、彭世洛、洛坤、南邦、青迈（28）新加坡（29）马六甲

	1931	1935/1946	1947
			及附近地方（30）柔佛及附近地方（31）雪兰莪及附近地方（32）森美兰、彭亨、吉兰丹、丁家奴及附近地方（33）霹雳及附近地方（34）槟榔屿、吉打、玻璃市（35）英属婆罗洲（36）爪哇、及巴里岛、龙目岛、马都拉及附近各岛（37）苏门答腊及附近各岛（38）荷属婆罗洲及附近各岛（39）西里伯岛及葡属帝文、新几内亚西部与附近各岛
美洲	（1）檀香山（2）智利（3）美国（10）墨西哥（11）秘鲁（13）加拿大（14）古巴（15）中美	（1）檀香山（2）智利（3）秘鲁（4）古巴（5）墨西哥（6）中美（7）美国（9）加拿大	（1）美国之美西（2）美国之美中（3）美国之美东（4）加拿大（5）檀香山及附近各岛（6）墨西哥（7）巴拿马、掘地孖拉、萨尔瓦多、尼加拉瓜、哄多拉斯、马拿瓜、哥斯德黎加（8）秘鲁、巴西、厄瓜多尔、委内瑞拉、基阿拿、可仑比亚及附近地方（9）智利、阿根廷、巴拉圭、乌拉乖、玻利维亚及附近地方（10）古巴（11）占美加、圣多明谷、海地、特立尼达及附近地方
欧洲	（20）欧洲	（15）欧洲①	（40）欧洲及苏联
澳洲	（4）澳洲（8）大溪地	（18）澳洲（19）大溪地	（13）澳洲、新西兰飞校、萨摩亚群岛、新几内亚东部及附近各岛（14）大溪地、法属细黎群岛、索晒厄替群岛、奥斯特剌尔群岛、瓦维达岛、拉巴岛、奴喀希法岛、马尼希基群岛、低群岛、千俾尔群岛、玛盔撒群岛、里瓦俄岛、英属哈德孙岛、匹特撰纶岛、度栖岛、哈罗林群岛、斯塔巴克岛、维斯拖克岛及附近各岛

---

① 加选了1名旅英代表。

（续表）

	1931	1935/1946	1947
非洲	(21)非洲	(20)非洲	(41)非洲及法属马达加斯加、英属毛里斯、法属留尼汪与附近各岛
合计	21	23	41

1931 年 5 月,国民政府决定召集国民会议,通过了《中华民国训政时期约法》。为了召开这次会议,国民政府制定了《国民会议代表选举法》和《选举法施行法》等一系列法律,而有关华侨选举的规定也在其中。根据《国民会议代表选举法》第一条、第三条的规定,这些代表"在外侨中选出者二十六名",分配在美国、菲律宾、加拿大、印度、日本、墨西哥、古巴、中美等地,根据华侨基数每个选举区选出代表一或二人。

国民政府选择在海外侨居地直接选举、通讯投票的方式。《国民会议代表选举法施行法》则规定了具体的操作方法:

"第十一条　在外华侨选举国民会议之团体及其资格,由选举总监督委托该地中国国民党党部或阅书报社或中华会馆、中华会所等调查之,以下列各款造册报告选举总监督核定:

一、团体之类别及其设立之经过;

二、团体之组织及其职员;

三、会员姓名、年龄、籍贯、住所,属于职业团体者,从事于该界职业之年期;

四、各团体会员有为其他团体会员时,其团体之名称及依国民会议代表选举法第十五条之规定该会员所选定之团体。

第十八条　在外华侨之选举,除依前条之规定外,以通讯投票方法行之。"①

---

① 《国民会议代表选举法施行法》,载夏新华、胡旭晟编:《近代中国宪政历程:史料荟萃》,中国政法大学出版社 2004 年版,第 842 页。

在这两部法律公布后,很快成立了华侨选举事务所来主持本次选举。然而这次选举却远算不得成功,根据法规原本应在21个选区要求选出26名代表,实际只有8个选区完成了选举,共选出11名代表;另有8个选区8名代表为指定①,2个选区3名代表为列席②,3个选区无法产生。

事实上选出代表人数不足,并非只发生在华侨选举一处。1931年国民会议并没能选出预定的520名代表,而是选出了447名。而在国民会议代表中,还充斥着为数不少的国民党人士,他们不需要通过选举而被配给了代表资格,使得国民党中央得以主导会议,也因此被称为"国民党一党包办"的国民会议。其目的是确定国民党一党专政以及蒋介石本人的独裁地位,并将这个结果作为会议共识传递给国民会议代表所属的"社群"。虽然国民政府为选举推出一系列法律法规,事实上选举代表的过程,本就不是国民政府关心的重点。

1928年8月,蒋介石宣布中华民国进入训政时期,而训政时期持续6年,到1934年应告结束,并进入宪政时期。进入宪政时期,国家必然需要一部新宪法,而为了新宪法出台则需召开制宪国民大会,制宪国民会议代表选举也势在必行。1936年5月,内政部奉行政院命令,筹组国民大会选举事务所,并依照《国民大会代表选举法》及《选举法施行细则》进行了选举。然而因为日本全面侵华战争的开启,制宪会议一延再延,直到1946年方才召开。

吸取了前两次华侨选举的经验,本次制宪会议华侨选举,国民党采取了两阶段的选举方式。根据《国民大会代表选举法》第三节

---

① 中美选区的代表由秘鲁代表陈安仁兼任。

② 英属马来亚2个代表,荷属东印度2个代表中有1个代表为列席。

"在外侨民之选举"：

"第三十六条　在外侨民之国民大会代表,其候选人推选及指定,比照关于职业选举之规定。但推选候选人之团体,由侨务委员会定之。

第三十七条　在外侨民映出之国民大会代表之选举,比照关于各省区域选举之规定。"①

换言之,在华侨选举初选时,采取职业选举的方式;在复选时则采取直接选举的方式。此外,该法还规定了在外侨民应出之国民大会代表的名额及选区,并设选举监督主持选举。

华侨选举应如何操作,则规定在《国民大会代表选举法施行细则》中：

"第三十八条　在外侨民之选举人、推选人及候选人之资格,经选举监督审核后,应分别造具下列各种名册,呈报选举总监督审核。但候选人之名册,应由选举总监督转送选举总是无所复核。

一、选举人名册,应记载各选举人之姓名、年龄、籍贯、住所及其职业；

二、团体会员及职员名册,应记载团体之类别、组织情形、设立经过,及各该团体会员及现任职员之姓名、年龄、籍贯、住所、职务；

三、候选人名册、应记载候选人之姓名、年龄、籍贯、住所及从事该职业之年期或为该会会员之年期。

第三十九条　在外侨民推选候选人,于选举监督所在地行之。

第四十条　在外侨民候选人之推选,由侨务委员会认定团体

---

① 《国民大会选举法》,载夏新华、胡旭晟编：《近代中国宪政历程：史料荟萃》,中国政法大学出版社 2004 年版,第 1005 页。

之机关职员行之。

第四十一条　在外侨民候选人，应具有下列各款资格：

一、有选举人之资格；

二、年满二十五岁；

三、曾为各该团体之会员满三年以上。如为职业团体，曾从事该职业满三年以上，而现为各该团体之会员。

第四十二条　在外侨民团体之推选人资格，以各该团体之现任职员为限。其候选人名额为各该地方应出代表名额之三倍。

第四十三条　在外侨民推选及选举，如有特殊情形，得向各该地方选举监督，以通讯投票方法行之。

第四十四条　在外侨民，对于推选及选举，如因特殊情形发生窒碍，各该地方选举监督不能解决时，应呈报选举总监督，转请选举总事务所核办。"①

《在外侨民选举推选候选人办法及选举代表办法》对此还有补充规定：

"1. 认定海外农会、工会、商会、教育会、医药师团体、新闻记者团体、中华会馆及各邑会所、中国国民党或书报社等八种特定团体现任职员，有推选代表候选人资格。

2. 侨民年满二十岁经公民宣誓者，有选举（即复选）代表资格。

3. 侨民年满二十五岁有选举人资格者，而由经加入认定之八种特定团体为会员三年以上现任为会员者，有被推选为国大侨民代表候选人之资格。"②

---

① 《国民大会代表选举法施行细则》，载夏新华、胡旭晟编：《近代中国宪政历程：史料荟萃》，中国政法大学出版社 2004 年版，第 1011—1012 页。

② 杨建成：《华侨参政权之研究》，（台湾）文史哲出版社 1992 年版，第 23 页。

1936/1946 年制宪会议预计在 23 个选区选出 41 名代表,实际举行了选举的选区则只有 17 个共选出 26 名代表,而其余无法进行选举的 6 个选区则根据遴选办法选出了 15 名代表。

1946 年制宪国民会议通过了《中华民国宪法》,根据这部法律,国会代表、立法委员和监察委员都需要通过选举产生,而华侨代表都有法律定额。除监察委员,"一律以普通平等直接公开竞选方式行之",为 1947 年行宪国民大会的召开,华侨选举再次在海外举行。

1947 年 3 月,国民党政府公布了《国民大会代表选举罢免法》。在华侨选举方面,要从 41 个选区选出华侨代表 65 名。其主要内容主要有:

"第二十一条　设立侨民选举事务所,置委员三人至五人,组织选举委员会,以侨务委员会委员长为当然委员兼主席,办理侨居国外国民选举事宜,其委员人选由选举总事务所呈请国民政府派充之。

侨民选举事务所下设各分区主管选举事务所,各置委员三人至五人,组织选举委员会,以附表所定之人员为当然委员兼主席,办理各该区选举事宜,其委员人选由选举总事务所派充之。"①

同年 5 月,与选罢法配套的《国民代表大会选举罢免法施行条例》出台。7 月,《国民大会代表选举进行程序》出台,对于选举的流程做出了详尽规定。海外华侨也按照流程规定的时间将选举的各项事务加以推进。

以美国华侨选举为例,美国共有美西、美中、美东三个选区。

① 《国民大会代表选举罢免法》,载夏新华、胡旭晟编:《近代中国宪政历程:史料荟萃》,中国政法大学出版社 2004 年版,第 1133—1134 页。

美西方面,纽约登记选民 5000 人,在当地投票;美中、美东方面登记选民 3000 人,分别在波士顿、费城、华盛顿、巴尔地摩尔及纽瓦克等地投票。国民党在候选人方面占据了优势地位,美东方面共有 4 个候选人竞争 2 个代表席位,其中 3 名候选人为国民党人。最终当选的伍天生虽以独立派人士竞选,然则其身份是国民党支部执委;得票第二名的陈宗海,则是以国民党员身份参选。美国 6 名代表顺利产生。

从整体而言,这次华侨选举远未算成功。一些国家如安南、暹罗、缅甸、香港、澳洲、菲律宾、英属马来西亚、荷属印度尼西亚等地,或环境不许可,或将华侨选举活动视为非法加以取缔,国民政府交涉无果,均未能举行选举。其他美洲、欧洲、加拿大、澳洲等地虽能依法办理,却也只有 17 个选区选出 22 名代表,为原定代表额度的三分之一。国民大会、侨务委员会等数次协商,最终只好决议交由"政府处理"。然而政府也莫可奈何,虽然提出如修改宪法或派船在公海选举等方案,然而这一问题直至 1949 年也未能解决。

华侨选举是华侨参与国家政治生活的重要方式,然而由于国内和国际间的战乱、政府财政与精力、交通和信息传递不便、华侨居住地分散、主权争议和国际交涉……由于种种主客观原因,都使得华侨行使选举权和被选举权,成为一件非常困难的事。虽然政府和侨务委员会在立法和实践各方面都付出了一定的努力,但是华侨选举立法与实践存在着很大的局限性,却也是不争的事实。这些局限主要表现为:

第一,代表性不足。代表性不足是民国时期四次选举所面临的共同问题。在北京临时参议院通过决议,给予华侨代议权后出台的《参议院议员选举法》之中,第四十条就规定了"华侨选举会,由侨居各商会选出人组织之。"①当时就有华侨提出，商会只是海外华侨团体之一，且也有侨居地未设商会的情形，未设商会之地，未入商会之人，必生选举权和被选举权被剥夺之感，导致选举权为商人垄断。华侨联合会几次投书总统袁世凯、国务院、参议院等，也有人投书报社，开题明义《华侨岂仅商人已耶》②，直指该草案独厚商会，忽视了华侨知识分子以及侨工的权利。北京临时参议院终于修《华侨选举施行法》，也给予其他团体如中华会馆、书报社等参与组织选举的权利。然而就1913年参议院选举，选出的6名参议员的职业而言，3名是侨商，2名是报社社长，1名是学生，其中并无普通劳动者甚至高级技术华工；从他们侨居地而言，3名来自南洋，3名来自美国，其他日加欧洲非洲南美都无人当选，其代表性可见一斑。

这种代表性不足的问题，在其后的三次选举中依然存在。1947年国民大会的华侨选举，虽然以直接普选从立法上为"代表性不足"的问题解套，然而以结果而论，此次选举并未能产生全部代表，以腰斩告终。

第二，政党于选举涉入太多。1927年南京国民政府成立，国民党开始了22年的执政之路，在期间国民党一直执行一党专政的路线，内有中国国民党中执委海外党务委员会，外有国民党各海外支部，长期"指导"海外侨务工作的进行。在这样的政策和氛围下，华侨选举也概莫能外。从华侨选举的制度设计、选举法规以及选举实践各方面看来，国民党的"阴影"几乎无处不在，左右选举。

---

①　《华侨联合会上袁大总统国务院请改正华侨选举法电》，载刘士木编：《华侨参政权全案》，上海华侨联合会、中国图书公司1913年版，第67页。

②　《华侨岂仅商人已耶》，载刘士木编：《华侨参政权全案》，上海华侨联合会、中国图书公司1913年版，附录之舆论。

1931 年国民会议选举几乎是国民党海外支部"专办",而 1936 年制宪会议选举也由国民党操控,有推荐权的社团必须是国民党或经国民党认可,各团体推出的候选人还要再经国民党"圈定"(从 3 倍候选人遴选出 2 倍候选人),这才交由选举人投票复选。

而从会议的"功能"而论,也可看出国民党的影响力。1931 年国民会议,被认为是"国民党的一党国民会议",会议最终通过了《训政时期约法》,第三章第三十条规定,"训政时期由中国国民党全国代表大会代表国民大会行使中央统治权。中国国民党全国代表大会闭会时,其职权由中国国民党中央执行委员会行使之。"将国民会议才能行使的最高权力,悉数交给了国民党的代表大会。

第三,海外选举涉及与侨居国法律冲突,使得选举遭遇困境。在民国初期讨论是否赋予华侨代议权问题时,就有参议员指出华侨双重国籍导致两国公权,或在海外行宪组织选举,恐怕会导致国际交涉。这种情况在海外选举时确有发生。

1931 年国民会议的国会代表华侨选举共设 21 个选区,只有 8 个选区正常进行了选举,包括檀香山、美国、日本、菲律宾、印度、秘鲁、朝鲜、加拿大和安南。其他的 13 个选区之所以不能进行选举,侨居国政府的态度无疑是重要的客观原因之一。1936 年在荷属东印度选区的华侨选举,被荷属政府裁定为非法,吴伟康等十名华侨还因此遭到逮捕。[1] 1947 年国民大会的国会代表华侨选举共设 41 个选区,其中有 24 个选区共 43 个代表无法产生。

侨务委员会总结这些选区之所以不能顺利举行选举的原因,

---

[1]　李盈慧:《华侨政策与海外民族主义(1912—1949)》,(台湾)国史馆 1997 年版,第 156 页。

认为"究其重点，厥为当地政府出而干涉，不能公开直接选举"，而当地政府的主张就是"有碍其主权"[1]，提出异议。这与当时世界局势有关。二战结束后，各殖民地国家纷纷主张独立，主权意识也空前高涨。1931 年举行了选举的菲律宾（2 个选区）、日本、印度、安南都不能再行选举外，缅甸选区、暹罗的 4 个选区、安南的 2 个选区、新加坡、马来西亚 6 个选区、印度尼西亚的 2 个选区、英属婆罗洲、荷属婆罗洲的两个殖民地选区也"全军覆没"。

华侨取得代议权，在民国时空背景下，有其政治、经济上和社会上的必然性。虽然在选举制度上存在种种不足，参政的效果也不尽理想，但是毕竟增强了华侨与祖国之间的情感纽带，促进了民国的经济发展。然而华侨海外选举的进行，导致了侨居地政府的主权疑虑，为华侨在侨居地的发展埋下了隐患。

第三节　华侨与废约运动

自 1840 年以来，清政府在与列强的战争与外交中都是节节败退，签订了一系列不平等条约，而侨居在外的华侨无疑成为了清政府软弱外交与丧权辱国条约的受害者，备受侨居国政府的压迫。华侨的反抗得不到来自祖国的支持，也唯有自嘲"既为中国人，当然要受这口气"，[2]委曲求全。民国成立的鼓舞与第一次世界大战爆发的契机，让海外华侨看到了曙光，使他们迅速投入到废约运动中去，并为推进该运动做出了重要贡献。

---

① 　侨务二十五年编辑委员会：《侨务二十五年》，（台湾）海外出版社 1957 年版，第 166—167 页。

② 　熊理：《第一次废约运动经过》，载上海华侨团体联合会等编：《荷属华侨废约运动》，南华通信社 1927 年版，第 4 页。

一、华侨与废约运动

（一）荷属东印度

早在第一次世界大战进行期间，已有荷属印尼华侨提出了"改约"的想法。概因中国有意加入协约国阵营，而荷兰则属德国为首的同盟国。荷属华侨担心战火会燃烧到爪哇，荷兰殖民政府强征华侨做义务兵，华侨担心"我是中国人，不愿为他人的事故，和自己本国的同胞相杀"，荷兰殖民政府却以中荷领事条约中，有中国政府承认荷属华侨是"荷兰籍民"的换文，认定华侨有当荷兵的义务，对华侨的请求无动于衷。这激发了荷属华侨对不平等条约的激愤，荷属华侨废约运动在荷属全境蔓延开来。1917 年，三宝垄 281 名华侨共同呈文北京政府参议院，要求修正中荷领事条约，该项建议虽在参议院大会通过却未能付诸行动；1918 年 12 月，巴达维亚、三宝垄、泗水三大埠中华总商会再次联合请愿，但未获得批准。①

第一次世界大战结束，中国被邀请加入巴黎和会，荷属东印度华侨认为争取重订条约的曙光再现。华侨在泗水、巴达维亚、三宝垄等地先后成立了三个华侨联合会，并在巴达维亚召开联席会议，会议取得几项决议：包括请愿政府，修改中荷条约；公举熊理、韩希琦、黄宣猷为荷属华侨代表，回国向政府请愿等。然而南方政府回应要将此事延宕到革命成功后再解决，北方政府虽提出要以外交手段解决却迟迟未付行动，希望在巴黎和会上有所斩获的希望落空。

---

① 《南洋荷属华侨东、西、中部代表熊理、黄宣猷、韩希琦等呈文》，转引自张坚：《一战后东南亚华侨的修约斗争》，载"民国档案"2005 年第 1 期。

1920 年,西南各省政要、荷属东印度外交官员以及华侨上层纷纷向北京外交部提议与荷兰政府修约,同年 3 月,北京政府终于付诸行动,与荷兰政府展开交涉。几位华侨代表呈文提供了关于条约修改的建议:

"关于国籍问题者,取消原'中国人民,荷兰人民等字样,所滋疑义,在荷属地领地内,当照该属地现行法律解决'一节。给予出生于荷属领地的华侨以成年后以自由意志认取国籍的权利。

关于待遇问题者,暂无需特别提出。

关于中荷通商条约问题,应参照援引《日本荷兰属地通商条约》之成例,缔结与之相似的条约。

关于领事权限问题,确定领事作为其辖内本国人之保护者的地位。"①

对此,荷兰政府却是百般拖延,并无谈判诚意。反而 1925 年中荷双方再次续订的中荷领事条约中,关于荷属华侨国籍问题仍未能得到解决。

1926 年 5 月,中荷领约即将再次期满,荷印华侨中再次掀起废约运动,称为"第二次废约运动"。荷属东印度各华侨联合会纷纷建立华侨废约委员会,在国内,上海华侨联合会也成立了上海民众废约运动会、中荷条约研究会等机构作为呼应。各地华侨废约委员会、中华商会。荷兰中华会乃至上海华侨联合会、华侨团体联合会等纷纷呈文新成立的国民政府,要求正视废约问题。林复彦作为华侨废约运动的代表,列席了 3 月 25 日举行的国民党中央政治会议第八十次会议,并做了相关主题报告。会议决议由外交部

---

① 韩希琦:《对于中荷条约之我见:照录民国九年五月十五日上北外交部说帖原件》,载上海华侨团体联合会等编:《荷属华侨废约运动》,南华通信社 1927 年版,第 22—29 页。

向荷兰预先说明废止旧约,另订双方互惠的新约。南方政府有废约之意,北洋政府方面却与 1927 年与荷兰政府再次续约,让荷属华侨的努力付之东流。

（二）暹罗

与荷属东印度华侨有着类似想法的还有暹罗华侨,1919 年 4 月,暹罗华侨代表陈沅、刘宗尧归国向政府求助。他们向北洋政府进言,请求利用"我国参加战团,列席和会,与各国平等抗行"的机会,借助国际力量来制止暹罗政府虐待华侨,解决逼迫华侨入籍和断绝华文教育问题,并与暹罗建交缔约,设领为华侨提供外交保护。此外,他们也向南方的广州革命政府求救,广州革命政府宣慰员沈智夫在考察暹罗华侨情况之后,认为暹罗华侨确实急需政府提供外交保护。随后上海华侨联合会正式为此事向内务部呈文,要求代表团就此向暹罗政府交涉,签订相关条约维护华侨利益。

中国拒绝在巴黎和约上签字,通过巴黎和会施压暹罗政府的计划也无法推进下去。不过中国政府也并未放弃与暹罗定约设领的努力。1921 年,通过双方驻日公使,中国方面向暹罗提出了缔约要求。暹罗政府却以中国并无统一政府等为借口,拒绝了中方要求。1926 年和 1927 年,中方两次旧事重提,均遭到了暹罗政府的拒绝。

（三）越南

希望借国际会议改变自身窘迫状况的还有越南华侨,为对抗法属越南政府对华侨横征暴敛的政策,越南华侨求助于国内政府。1921 年,云南外交司向中国政府提案,要求代表团在太平洋会议上提出取消越南华侨人头税,给予华侨平等待遇的主张,却并未能改变越南华侨的生存状况。1925 年,侨居越南的国民党员莫子材归国出席国民党二大时,又向国内反映了越南华侨的困境。他提议趁着 1926 年 8 月清政府签订的《中法越南通商条约》期满之时重订新约。重订内容包括：在越南华侨聚居地河内、海防、安南等地设立领事馆，落实对华侨的领事保护；废除现有的华侨人头税及各种苛捐杂税；签订双方完全平等的新条约。

在华侨的敦促下，北京政府还是向法国政府提出照会，单方面宣布废止《中法越南通商条约》，受到法国方面的反弹，他们变本加厉取消了旅越华侨关于纳税及留居条件等方面享有的权利。双方就这一条约废止所展开的拉锯到 1930 年才宣告有所结果。是年 5 月，中法签订了《规定越南及中国边省关系专约》，而直到 1936 年，中国方才在越南的西贡、河内两地设置了使领馆。

二、华侨陈友仁与革命外交

在废约运动中，还有一位华侨——陈友仁起到了重要作用。陈友仁 1878 年出生于南美特立尼达，是一位广东籍华侨。他的父亲陈桂新曾参加过太平天国起义，并在战败后由香港辗转来到南美。陈友仁接受了正规教育，成为了当地有名的律师。他虽身在万里之外，却一直非常关心祖国，并于 1911 年辛亥革命胜利时归国，投身于国内的革命事业，被任命为北洋政府交通部法律顾问。

1913 年，陈友仁因对袁世凯政府不满而辞去公职，成为了一名报社编辑，并很快于 1915 年创办了英文报纸《京报》。他的报纸针砭时弊，见解辛辣，曾在满京媒体讳莫如深之时，力排众议登载梁启超的反袁文章《异哉！所谓国体问题者》，引发举国震惊。自己也曾亲自撰文《出卖中国》，揭露段祺瑞政府与日本正在进行的秘密谈判，并因此入狱。

出狱后的陈友仁对北京政府完全失望，决定南下投奔孙中山，并受到孙的重用。1919 年巴黎和会，孙中山派遣陈友仁为欧洲和平会议专门委员前往巴黎。在这次会议上,陈友仁正式提出了废除租界的主张,并促成了中国代表团拒绝在巴黎和约上签字的举动。他的主张虽然未能被巴黎和会所采纳,却成为了后来他的革命外交的重要目标,他本人也开始在民国外交舞台上崭露头角。

（一）收回山东

巴黎和会上的外交失败让陈友仁失望之余,也对当时的国际形势及中日的差距有了相对清醒的认识。但他并未就此放弃收回山东的努力,而是转换思路,选择利用帝国主义国家在巴黎和会分赃不均的矛盾来实现目标。

通过对参与巴黎和会的战胜国们逐一进行分析,陈友仁选择了美国议会作为突破口。因为相对于英、法两个在中国已经攫取不少利益的老牌资本主义国家,对中国采取"门户开放"政策却还未形成势力范围的美国显然是更好的选择。何况美国参议院对于巴黎和约早有不满,有与中国结成某种"利益同盟"的可能性。陈友仁为此通电美国参议院,痛陈利害。指出美国应帮助中国解决山东问题,因为日本所作所为"除对于为中国不公道且危害世界和平外,且不合于美国之国家尊严及其利益。"

在这篇电文中,陈友仁首先指出在中国对同盟国宣战之时,协约国曾承诺中国在战后"在国际间得享一地位,并得一大国应有之尊重",而巴黎和会上英美日等国作为,是对这一承诺的违背。其次,让日本继承德国在中国的利益,不仅违背法律——中国在宣战时就已经宣布废除中德之间各种条约,日本所谓继承根本无从谈起;而且会导致"他国在山东不得享工商业之平等机会",有损美国利益。第三,日本意欲并吞亚洲的野心,早已付诸行动,并且取得了成果。如果坐视其再中国攫取利益、囊括中国,只会进一步增强日本实力,将日本变为亚洲的德国。第四,一旦日本实力增强,必将染指世界。他非常有远见地指出"日本今日既能获胜于和会,岂不能获胜于将来之同盟?"他希望美国参议院能够拒绝通过巴黎和约,并敦促同盟妥善解决山东问题。[①]

陈友仁的电报被美国媒体竞相转载,并引起了很大反响。美国舆论对此十分重视,认为即使只出于"共同利益",也不应当对山东问题视而不理。

在英美联合施压以及美国斡旋下,中日双方终于在1922年华盛顿会议期间签署了《解决山东悬案条约》等相关文件,中国在山东的主权得到了一定的恢复。这也被视为中国外交的一次胜利。不得不说,陈友仁在美国的造势也为此做出了一定的贡献。

(二) 阻止关税会议重开,收回武汉租界

巴黎和会结束,陈友仁自欧洲归国后,成为了孙中山的英文秘书,并在1923年出任大本营航空局局长。当年7月,广州沙面租界英、法工部局出台侮辱中国工人的十二条新警律。沙面华工愤而反抗,组成了"取消沙面苛例委员会",在共产党领导下开展了罢工、辞职等方式的斗争。英国领事只好即可致函孙中山请求调解。陈友仁奉命出面交涉。

面对英国方面的咄咄逼人,陈友仁据理力争。指出所谓"新警律"是专为华人而设的不平等条例,华人从不是沙面治安的不安定因素,不应在本国领土的租界上受到这种苛待。陈友仁的强硬使得工部局欲施压广州政府逼迫华工的图谋破产,最终在8月13日取消了苛例。

对于外国人在中国领土上设租界,反过来压迫中国人之事,陈友仁非常痛恨。1926年1月,陈友仁当选中国国民党第二届中央

---

① 钱玉莉:《陈友仁传》,河北人民出版社1999年版,第34—36页。

执行委员,5 月被任命为代理国民政府外交部长。他上任后就提出了"革命外交"——"采取断然的革命手段,坚持到到底,宁为玉碎",即在与外国交涉时应采取强硬态度,不必拘泥于过去与列强的各种约定成俗,而时通过革命精神与群众运动对外国施加压力,在谈判中全部或部分废除对外条约中不平等的部分,为最终废除所有不平等条约,彻底改变外国人在华优越地位这一质变做好量变积累。

陈友仁上任伊始,就对领事裁判权问题发表了立场。他从法律角度出发,指出根据现有条约,列强在中国的领事裁判权应限于司法方面,列强在租界行使警察权、行政权都是越界行为,应由国民政府收回。在之后与列强几次有关警察权的争端中,陈友仁都持强硬立场,据理力争,坚决维护了警察权不受列强干涉。

与此同时,列强与北方政府双方接触,准备重开因段祺瑞政府4 月垮台而被搁置的关税会议。这次会议的主旨就是北京政府同意列强征收关税附加税,以换取资金扩充军备,抵御北伐。陈友仁当即通电各国驻华公使及各国驻粤领事,表达南方政府立场,随后对外发表"反对关税会议重开之宣言"。他指出重开关税会议是对国民政府的对立面——直系、奉系两军阀的支援供养,是对南方政府的不利行为。无论会议达成何等协议,南方政府都不会予以承认,且会"扩充否认原则之适用,进而至否认从前一切借款,凡有利于反动派及军阀官僚之剽窃者。"①

而对外商抗税,他则强硬以对。1926 年 10 月,国民政府决定征收特别税,引发外商抗议。他们认为租界外商埠地区系在通商口岸之内,在广州商埠之内的外商不应缴纳厘金。陈友仁则坚持

---

① 钱玉莉:《陈友仁传》,河北人民出版社 1999 年版,第 95—98 页。

"租界之外无通商口岸之说。外人运销货物一越租界线之外,即为中国内地",就应依法纳税。他施展的强硬手腕,让外商迫于无奈,只好交税了事。

1927年1月3日,为庆祝国民政府迁都武汉,中央军事政治学校武汉分校的学生宣传队在汉口发表宣传演讲,遭到英国水兵野蛮殴打驱散,宣传员1人死亡,80余人受重伤,酿成了"一三惨案"。武汉政府的反应非常迅速,第二天便将临时联系会议的公告昭告天下,在政府没有做出如何为人民报仇雪耻的最终决定前,希望人民离开租界,以免危险。

武汉各界响应政府的号召,于翌日上午11点在汉口总商会集会,提出了八项条件。

"1. 请政府立即向英领提出严重抗议;2. 令英领赔偿死难同胞损失;3. 令英领将行凶水兵交我政府惩办;4. 撤走驻汉英舰及英界沙袋电网;5. 撤销内核航权;6. 英领向我政府道歉;7. 英界巡捕缴械;8. 由政府管理英租界。"

会议将这八条对英办法呈交政府,请政府据此向英领交涉,并要求限时72小时圆满解决,否则便请求政府封锁并收回英界,收回关税。当晚国民政府代表便宣布全盘采纳八项条件,并已交由外交部分别进行。这显然与陈友仁一贯的革命外交主张相契合。他据此向英国领事交涉,最终英方妥协,"全部照办"。国民政府设立汉口英租界临时管理委员会,实际主持英租界一切公安市政事宜。陈友仁出任该管委会的主席委员,并全权负责管理英租界各项事务。

然而谈判并未至此结束,陈友仁得知参赞欧玛利授命到武汉调查惨案真相,便继续与对方交涉,双方开始了正式谈判。英方借船坚炮利要求国民政府退换租界,陈友仁则强硬表示如果按照英方要求处理,必然引起民众罢工和拒货,使租界无法生存。双方在数次交锋后,终于达成了妥协,由中国收回汉口英租界,改为中国的市政特别区,设立由华人为委员主席,4名华人3名英人共同组成的管委会。按照国民政府颁布的新市政章程进行管理。

然而英方并不愿照章办理,他们向国民政府提交了备忘录及附件7款。陈友仁指出英方的《备忘录》毫无诚意,只会激发国内的民族主义情绪。他对外发表针对《备忘录》的宣言,指出英方在谈判期间借口保护侨民派遣军队直逼上海,胁迫恫吓,国民政府绝对不会屈服,因此"对于汉口地方通称英租界之中国地域,将来地位之协定,不得不保留其签字。"如果英国真心想要和谈,就必须停止胁迫行为,尊重中国政府和中国人民的尊严。

陈友仁的《宣言》发表于国际,也赢得列强关注。列强微妙表示了不干涉的立场。英国政府终于决定让步,2月19日,中英两方签订了《收回汉口英租界协定》。根据该协定内容:

"英国当局将按照土地章程,召集纳税人年会,于3月15日开会。届时英国市政机关即行解散,而界内区域之行政事宜,将由华人之新市政机关接受办理。在华人之市政机关于3月15日接受以前,租界内之警察、工务及卫生事宜,由主管之中国当局办理。英国工部局一经解散,国民政府即当依据现有特别区行政办法,组一特别中国市政机关,按照章程管理租界区域……"①

2月20日,双方又签订《收回九江英租界协定》。3月15日,汉口英租界正式被收回,但英国人在新成立的汉口第三特别行政区仍享有一定特权。而在同一天收回的九江英租界,则取消了所

_____

① 《收回汉口英租界协定》,载国民政府行政院:《国民政府行政文件集(第二辑外交)》,国民政府行政院秘书处1929年版,第34页。

有外国人在该区域的特权。3 月 23 日,国民革命军占领了镇江,英国驻镇江领事则发表声明,表示英国政府愿意交换镇江英租界。

汉口、九江租界的收回,是中国近代史上少有的外交胜利。陈友仁在其担任外交部长期间展现的外交策略与强硬姿态,为他赢得了"革命外交家"的声誉。作为民国外交的代表人物,英籍华侨律师的身份为陈友仁带来开阔的眼界,扎实的法律知识以及娴熟的英文水平,让他能够直接与国际对话,也更容易赢得共鸣。他的种种努力,激励了其他华侨。在旅欧华侨的努力下,1926 年 5 月,北京政府外交总长胡维德正式向比利时驻华公使提出修约要求,但遭到比方拒绝。以比利时华侨为中心,旅欧华侨都团结起来。国民党比利时支部发表了《告国人书》,痛陈中比条约不平等条约的本质,并在欧洲兄弟支部的帮助下,成立了旅比各界废约后援会,并组成代表团在 10 月下旬回到上海,在华侨联合会的帮助下开展各种废约斗争。在各方的努力下,1926 年 11 月,北京政府终于发布《中比条约终止宣言》,对比利时的不平等条约宣告废除。

第四节　华侨与抗日

1931 年,日本制造了九一八事变,点燃了侵华战争的火焰。在亡国灭种的危机下,国共两党也摒弃成见,决定携手抗日。海内外的中国人全部卷入其中,在抗日民族统一战线的旗帜下,心系祖国的广大海外华侨积极组织抗日救国团体,捐钱捐物乃至归国抗战不胜枚举。在经济上和人力上给予抗日战争最大程度的支持。国民党与共产党两方都积极调整政策法律,以更加促进海外华侨的抗日热情,争取抗日战争的最后胜利。

一、中国国民党与华侨参政员

在国民党的国民政府方面，抗日战争期间华侨参政，主要是通过"国民参政会"这一最高咨询机关实现的。国民参政会是在全国人民督促下，1938 年 4 月，经由中国国民党临时全国代表大会决议设立，并为此出台了《国民参政会组织条例》、《国民参政会议事规则》等法律规章。根据《国民参政会组织条例》，这一组织是"在抗战期间，为集思广益，团结全国力量"起见而设，总额为 150 名，其中华侨为 6 名。并在《组织条例》第三条(丙)中对华侨参政员的条件加以规定——

"曾在海外侨民居留地工作三年以上著有信望，或熟谙侨民生活情形，信望久著之人。"华侨参政员候选人由侨务委员会"加倍提出"，并由国民参政会参政员资格审议会审议资格，并由中国国民党中央执行委员会会议决定。

国民参政会有咨询权与提议权，在抗战期间，政府对内对外施政方针，于实施前，应提交国民参政会决议。①

在组织条例出台不久后，国民政府很快又颁组织条例第三条修正全文，将参议员总额提高到 200 人。第一届华侨参政员为庄西言、陈守民、李尚铭、张振帆、李清泉、周崧。此外又指定了两位著名侨领陈嘉庚、胡文虎为参政员。这样华侨参政员就有 8 名之多。在此后的三届国民参政会中，华侨参政员也有所变动，邝炳舜、李星衡、谭赞、何葆仁、连瀛洲、司徒美堂、许生理、林庆年、李文珍、陈荣芳、冯灿利、许文顶等人都曾被选任。这些华侨参政员除

---

① 《国民参政会组织条例》，载孟广涵编：《国民参政会纪实(上卷)》，重庆出版社 1985 年版，第 46—48 页。

了在海外募款等经济活动中发挥作用，也认真履行职责，群策群力，参与提案。

如陈嘉庚在第一届国民参政会第二次会议上的"电报提案"，虽仅有"官吏谈和平以汉奸论罪"短短十一字，却被邹韬奋先生誉为"古今中外最伟大的一个提案"，"从三千里外的新加坡放出一炮直达重庆"，并指出这个提案打击了汪精卫代表的"汪记"投降派的要害，只能将提案修整为"日寇未退出我国领土前，凡公务员对任何人谈和平条件，概以汉奸国贼论。"①

此外，何葆仁、林庆年等华侨的提案《切实推行战时国家总动员业务以增强抗建力量案》、陈守明等提出的《请中央广印外国文宣传品以利海外宣传案》、胡文虎的《加强全国人力物力之集中，以争取最后胜利案》等提案，也备受好评，得到与会者广泛赞同。

在抗战之外，华侨参政员也未忘记自己出身的华侨群体，在国民参政会上疾呼向为祖国倾尽心力的海外华侨们以更多的保护，相关提案如《争取南洋各民族权益平等案》、《请转咨政府向美国交涉改善美国华侨待遇，以示政府德意，而利侨务案》等，也获得了会议通过。

二、中国共产党与延安侨联

由于国民党与华侨政党——致公党前身北美洪门交恶，以及对于苏俄插手中国政治戒慎恐惧，曾与国民党合作，又被共产国际"支配"的中国共产党与华侨群体的关系并不密切。中国共产党与华侨群体良性关系，可以说是随着抗战全面爆发及抗日民族统一

---

① 陈嘉庚：《官吏谈和平以汉奸论罪案附"来宾"放炮（邹韬奋）》，载孟广涵编：《国民参政会纪实（上卷）》，重庆出版社 1985 年版，第 335—336 页。

战线政策的实施而建立的。为争取华侨中的最大公约数投入抗战,1935 年,中共中央在《八一宣传》和年底推出的"抗日民族统一战线"政策中,都展现出了对华侨欢迎的姿态。中共中央高度评价了华侨在中国革命史各种重要事件中表现出的爱国情操,并承诺制定"积极保护华侨的政策",将华侨视为抗日民族统一战线的一部分加以团结。

1938 年初,中国共产党委托廖承志为代表,设立"八路军、新四军驻香港办事处",接待海外华侨捐赠事宜,并通过宋庆龄的"保卫中国同盟",接收到了大批华侨捐赠的医药用品和物资。此外,也陆续有华侨"投奔"延安,仅 1938 年 5 月到 8 月间,就有 78 名华侨青年由八路军西安办事处介绍来到延安①,1938 年底,陕北公学率先成立了华侨联谊会。② 1940 年 9 月,在杨家岭大礼堂,延安华侨第一次代表大会顺利举行,170 多名延安归国华侨代表参加了会议,成立了"延安华侨救国联合会"并通过了联合会章程。将延安华侨联合会——侨联的主要工作定位在加强对海外侨胞的宣传以及组织华侨归国抗战,积极为陕甘宁边区各项建设添砖加瓦。

对于延安留居的华侨,三三制是他们参政的政策保障,而边区参政会则是最高平台。1939 年 1 月,陕甘宁边区参照 1938 年 9 月国民政府公布的《省参议会组织条例》,召开了陕甘宁边区第一届参议会。根据该条例第三条之规定,省参议会有七项职权:

"建议省政兴革事项;决议有关人民权利义务之省单行规章事项;省预算之初步审议及省决算之初步审核事项;决议省政府交议事项;听取省政府施政报告及向省政府提出询问事项;接受人民请

---

① 全国政协文史资料研究委员会华侨组编:《峥嵘岁月——华侨青年回国参加抗战纪实》,中国文史出版社 1988 年版,第 99 页。

② 李彬、马玉卿编:《抗日华侨与延安》,陕西人民出版社 1995 年版,第 25 页。

愿事项;其他法律赋予之职权。"①

在抗日战争期间,边区参议会一直是边区的权力机关,也是边区民主的表达方式。乃至于在边区乡级政权,乡市参议会集立法与行政权于一身,成为基层管理组织。

根据《省参议院选举条例》,陕甘宁边区进行了选举。一如国民党在"国民参政会"中给予华侨代表名额,延安留居华侨也分到了参议员名额。1941 年在留延华侨大会上,进行了广泛的民主选举和投票,李介夫以 64 票当选为边区参议员,参加了当年 11 月的边区第二届参议会。就是在这次会议上通过了《陕甘宁边区抗战时期施政纲领》等关于到边区根本的重要法案。

此外,作为归国华侨的代表,李介夫还积极行使职权发表提案,包括《边区政府应扩大对海外宣传,以团结华侨参加抗战建国大业案》、《发动海外华侨投资建设边区案》、《请边区政府给延安华侨以更多之帮助案》、《电请海外各地侨胞向边区投资,发展各种工业案》、《勉励南洋华侨联合当地民族,配合太平洋攻势反对日本法西斯及对伪政权亲日派斗争,准备援助盟军登陆,并慰问日寇蹂躏下的侨胞案》、《慰问大后方难侨难胞,责成国民政府切实救济,清查和公布历年赈款案》等等,这些提案大都原案多数票通过,也体现了陕甘宁边区对华侨政策的重视。②

据统计,从 1937 年到 1945 年八年时间里,华侨为抗日战争捐款 13 亿余元国币,认购一直没有偿还的公债 11 亿国币(占国民政府战时发行公债总额的 1/3),包括捐款在内的侨汇总额 95 亿国

---

① 吴经熊:《中华民国六法判解理由汇编第一宪法之部》,会文堂新记书局 1948 年版,第 31 页。

② 中国科学院历史研究所第三所:《陕甘宁边区参议会文献汇辑》,科学出版社 1957 年版,第 167/249—250 页。

币。此外还捐献了多大数百架飞机,上千辆卡车,药品、衣物乃至大米等物资更是不计其数。更有无数华侨返乡,或参军入伍为国作战,如华侨飞行员就成为了中国空军的主力;或加入后勤保障作战,如南侨机工回国服务团支撑西南后方物资运输,都为抗日战争做出了重大贡献。

第四章 华侨党派参政

第一节 华侨党派——致公党的建立

致公党,全名中国致公党,1925 年创立于美国旧金山,其前身是北美洪门致公堂,从成立之初就与海外华侨有千丝万缕的联系。时至今日,致公党仍作为八个民主党派之一,在中国的政治生活中扮演着重要的参政议政角色。

一、洪门

华侨背井离乡,"孤悬海外",对归属感的追求使得各种各样的血缘、乡缘、业缘社团成为海外华人社会的重要组成形式之一。而致公党的前身致公堂所属的洪门,是海外华侨社团特殊而又重要的一支,其支系遍布南洋、澳洲及北美各地,在华侨中有广泛的群众基础。

所谓洪门,是由明朝遗民所创立的,以"反清复明"为目的的地下秘密组织。其名字中的"洪"有多种说法,一种说法是来自于朱元璋的年号"洪武",一种说法则是来自于繁体的"漢"字,去除了汉字中的"土"便是洪字,意为失去了国土的汉门。随着清政府统治日益巩固,洪门也不得不向海外发展,在海外华人中有极大的影响,华侨纷纷加入,并在南洋、澳门和北美等地均形成了各种颇具规模的分支组织。

在海外诸地,南洋的洪门组织形成最早,根据邱格屏教授的研究,在1799年以前南洋便已有洪门组织在活动,并考据新加坡首位华人侨领曹亚志及其兄弟曹符成都是洪门中人,也是南洋洪门的"开拓者"。到19世纪30年代,槟榔屿有9个华人社团,其中4个社团属于洪门。洪门在华侨中发展迅速,到1851年,全部27988名新加坡华侨中,就有20000名左右加入了洪门,超过华侨人口的70%,几乎所有的男性华侨都加入了洪门。以新马地区为先导,南洋各地陆续建立了洪门组织,在南洋华侨中有极深的影响力。

南洋各地洪门组织虽仍以"反清复明"为旗号,但南洋华侨,特别是华侨上层与清政府官员往来甚密,他们接受清政府的官衔"招安",被纳入了清政府海外体制。相对而言,北美洪门因去国更远,最初的一批华侨本就有广东三合会员这种原本就是洪门一员的"异见人士",在遭遇困难时也得不到来自祖国的关怀与保护,因此与清政府更加离心离德,"反清复明"的烙印淡化得比南洋各地更慢。

华人大规模前往北美谋生,始于19世纪中叶。加利福尼亚的淘金热使得大批华人蜂拥而至,到19世纪70年代又有中央太平洋铁路的修建,需要投入大量劳动力。华工成为美国政府的"最佳选择",他们急迫地通过《蒲安臣条约》取得了在中国招工的合法依据。随着华人的大量涌入,洪门组织也随之渗入。与南洋诸地还有其他血缘、乡缘和业缘团体为初来乍到惶惶不安的同胞提供互助服务不同,在美国先有洪门总堂后有分堂,随着华侨聚集形成的各个乡缘组织都是洪门分支,是华侨能寻到的最好的庇护所。

根据华侨革命家冯自由先生的记载,美国洪门是广东三合会成员"不堪清吏压迫",趁着美国招募华工的机会远渡重洋,在旧金山"另创基业"而来。旧金山的洪门机关以"致公堂"/"义兴公司"为名,并随着华工的增多以及铁路的修建得以在美国遍地开花。[1]在致公堂内部,则以1848年为开堂时间。[2]

中央铁路的修建也成为洪门迅速扩张的契机,随着华工由东向西迁徙,沿线的各大城市如纽约、芝加哥、波士顿、圣路易、费城、华盛顿、洛杉矶、西雅图等地也纷纷成立洪门分堂,凡有华侨居住的城市便有洪门分堂。及20世纪初保皇党与革命党在北美掀起抢人心、争资源的大战时,所有在美华侨的90％以上都加入了洪门的某个分支。其中最大的致公堂有成员八、九万人,而司徒美堂所创办的洪门分堂——安良堂则也有二万余会众。各地分堂之间关系并不和谐,火并事件常有发生,也让如致公堂"总龙头"黄三德等堂内有识之士深感忧虑。孙中山的入堂以及对致公堂改组的参与,成为致公堂发展史的转折。

在改组之前,海外洪门的功能主要有二:

第一,华侨互助。异乡恶劣的生存环境使得华侨不得不抱团取暖,是海外洪门得以存续的重要原因。相比较已耕耘许久华人社区相对成熟的南洋,北美是仍需开荒的处女地,自然环境与工作环境都极其恶劣。以铁路修建为例,1866年,华工修建塞拉岭通道,华工死亡率在10％以上,死亡人数在500—1000人之间。1868年在内华达山上修建铁路,又有约1000名华工因工而死。

---

① 冯自由:《革命逸史(上册)》,新星出版社2009年版,第107页。

② 旧金山致公总堂在2008年举行了成立160周年庆典,倒推时间开堂年份应为1848年。

这样的高死亡率,让华工不得不做好命丧他乡的准备。一方面需要工友在日常工作中互相扶持、互为后背;另一方面也需要在意外发生之时有人处理身后之事。华工们在异国孤立无援,迫切地需要一个组织能够为他们提供生前身后的容身之所,清政府对外软弱无法为华工提供足够的帮助,反而是洪门满足了他们最低程度的生活与情感需求。

除了华工间的互助外,洪门还出面调解华工间的各种刑事、民事纠纷,为富裕华商提供人身与财产保护,对抗外界对华工的压迫。这些"职能"无疑弥补了清政府领事馆存在感不足的问题。

第二,"民族主义"。洪门民族主义一直是学界颇有争议的话题,洪门所秉持的"反清复明"宗旨固然与现代语境下的民族主义并不相同,然而其表现反对满清异族的"种族主义",仍是洪门组织的重要特征。虽然随着对清政府怀有怨恨的海外洪门华侨元老们逐一辞世,而洪门的重心也转向华侨互助和经济目的,可"洪门民族主义"的观念却并未完全消亡。如旧金山的洪门总堂供奉着始祖红英以及"五祖"(包括郑成功、史可法)"军师"(陈近南)等"反清复明"先贤的神位;加入洪门时要经过形式上的反清复明宣誓;孙中山试图加入洪门遭遇保皇党反对时,钟永养也是据此排除众意——

"洪门宗旨,在于反清复明,孙文虽没有正式参加洪门,已经实行洪门宗旨多年了。此等英雄壮士,应该欢迎招纳之不暇,何能拒他于门外。"[1]

正是这种"民族主义"的存在,与孙中山先生的三民主义中,"驱逐鞑虏、恢复中华"的民族主义精神暗合,才有革命派的理论家

---

[1]　张大谋:《孙文博士与中国洪门》,台湾古梅书屋 1980 年版,第 87、91 页。

们如欧榘甲、陶成章等人撰文论述洪门会党与革命之关系；才有孙中山改组致公堂，引导北美华侨倾心革命道路的种种举动。正如《中国秘密会党记》中所论及：

"前清时代，有所谓秘密结社，其团体甚大，结会甚坚，昭昭在人耳目者，当以青洪帮及公口为最。盖其创始之时，抱纯一之旨，反对异族，光复汉家……虽无革命之新名词，实为排满之真种子。"①

洪门在海外华侨中如此根深树茂，孙中山为争取华侨倾向革命对抗保皇党，也无法回避洪门这个"庞然大物"。1904年，孙中山在钟水养力排众议的引荐下，在檀香山加入洪门，并受职第三号重要职位"洪棍"，这也为他被旧金山华侨接纳，得到北美大陆各地洪门的支持奠定了契机。当年5月，他接受致公堂委托，拟定《重订公堂新章》。在"新章"之中，他首先阐述了重订新章的迫切性。一则"向章太旧，每多不合时宜"，致使致公堂缺乏向心力，严重阻碍了华人社团的发展；二则约束不力，导致有人"背盟负义，趋入歧途，倒戈相向"，暗指奉满清光绪帝为主的保皇党人梁启超等人也能入堂，这明显与致公堂反清复明的宗旨相违背；三则因缺乏共同的章程，散居各埠的"我堂同人……无所统一……有事则呼应不灵"，导致"为外人所轻藐欺凌者，所在多有"。没有凝聚力则华侨互助功能的实现也大受影响。新章改革已是"堂务所宜急"，迫在眉睫。

其次，论述改组致公堂对致公堂本身及华侨社会的种种益处。对致公堂而言，身为华人在美洲规模最大的团体，却一直组织松散，人心不齐，乡党之间械斗时有发生，根本无法发挥身为华人第

---

① 《发起国民共进会之宗旨》，《申报》，1912年7月21日，第6版。

一社团应有的功用。"徒有可为之资,却无可为之法",做不到"驾于群众之上,足副本堂之名誉",改组之后,"凡各埠堂友均一律注册报名于大埠总堂,方能享受总堂一切之权利。"更能聚集人心,提高致公堂在华侨中的影响力。而对于华侨个体而言,加入团体,本就为在语言不通的异乡更好地生存下去,能够在"天灾横祸,疾病颠连,流离失所"的情况下能够有所依托,不至于孤掌难鸣。一个联系更密,能量更大的致公堂,无疑能更好地发挥互助功能,即所谓"联合大群,团结大力,以捍御祸害,赒恤同人,实为本堂义务之不可缺一也。"更好地维护致公堂堂友的利益。

再次,将自己的三民主义与洪门的"反清复明"宗旨相结合,寻求两方的"最大公约数"。"纲领"第二条,对致公堂的旧有宗旨"反清复明"做出了修改,变更为"本堂以驱除鞑虏,恢复中华、创立民国、平均地权为宗旨",这十六字宗旨,正是三民主义的完整表述。紧接着的第三条更进一步,将"协力助成祖国同志"施行三民主义设为致公堂的"目的"。这就从法理上将致公堂拉上了革命派的战车。第六条则强调对致公堂既有传统的尊重,即"凡新进堂友需遵守洪门香主陈近南遗训,行礼入闱。"

最后,排斥并打击致公堂内的保皇势力。在《重订致公堂新章》中,有相当长的一部分笔墨用在批驳保皇党人,展望民族共和才应是"汉族四万万人"追求的未来,与欧美日列强竞争独立的根本,并将"联合大群,团结大力,以图光复祖国,拯救同胞"设为"本堂义务之不可缺二也。"保皇党人被斥为"立宪之汉奸","专尊满人而抑汉族",而"联合大群,团结大力,以先清内奸而后除异种"则是"本堂义务不可缺之三"。为此在新章第四条中特有规定:

"凡国人所立各会党,其宗旨与本堂相同者,本堂认作益友,互相提携；其宗旨相反者，本堂当视作公敌，不得附和。"①

公堂新章修订后，他又洪门大佬黄三德的陪同下，前往北美各地游说洪门章程及革命的好处。在波士顿，孙中山与司徒美堂相见，向他宣扬革命道理，并最终指引司徒美堂走上了革命道路。这也为未来海外华侨社团"致公堂"向民主党派之一的"致公党"的转变埋下伏笔。

1911 年，孙中山提出建议，在北美的同盟会员全部加入致公堂，受到致公堂的热烈欢迎。双方达成共识建立洪门筹饷局，三个月便筹集了 14 万 4 千元美金；其后临时政府成立，仅旧金山的洪门筹饷局就支援了 20 万美金，为巩固革命成果提供了重要的经济支持。② 而同盟会会员的加入，也改变了致公堂的组织机构，为将来致公党的成立奠定了基础。

二、致公党的成立

辛亥革命的胜利果实被袁世凯窃取，华侨希望通过民国建立而改变国家以及自身命运的希望也随之破灭。华侨恶劣的生存环境并没有得到改变，孙中山此前对致公堂的改组也远称不上脱胎换骨，致公堂唯有继续改革转型，才能够自救。致公堂内部有识之士达成了建立能够代表华侨利益的政党，以领导华侨得以在侨居地更好地生存，并支援国内革命斗争。

致公堂首先考虑的，还是在国内建党。从 1912 年 1 月到 3 月之间，加拿大维多利亚致公总堂曾两次去电报，请求孙中山允许并

---

① 孙中山：《重订致公堂新章》，载中国社会科学院近代史研究所、中华民国史研究室：《中国致公党》，文史资料出版社 1981 年版，第 7 页。

② 陆榕树、王宋大、吴明熹：《中国致公党简史》，中国致公出版社 2003 年版，第 3 页。

协助致公堂代表谢秋君等人回国建党。而北美洪门领袖黄三德也亲自回国,向孙中山当面提出在国内建立致公党的请求。然而孙中山已卸任临时大总统,便将此事推给胡汉民。几经周折仍不得其果。其后孙中山组中华革命党,欲吸纳洪门入党。以致公堂为代表的北美华侨则认定孙"衰时则倚庇于洪门,盛时则鄙屑洪门"[①],不但拒绝入党,更拒绝为孙中山在北美的筹饷活动背书,致使孙中山在美的筹款折戟而归。致公堂与孙中山关系迅速恶化。1919 年,孙中山将中华革命党改组为中国国民党,并在《中国国民党海外支部通则》中规定,"原有中华革命党支部及洪门,全部党员加入改组",再次遭到致公堂抵制,此时致公堂已有决定,独立建党。

1920 年,司徒美堂提出以致公堂为基础建立华侨政党的主张,并前往香港与当地洪门兄弟社团进行协商,却没能成功。1923 年 10 月,致公堂旧金山总堂举行了"第三次五洲洪门恳亲大会",会议做出了建党决定,讨论了建党的基本问题,通过了《中国致公党党纲草案》。这些都为中国致公党的成立做足了准备。

1925 年 10 月,致公堂旧金山总堂在纽约召开了"第四次五洲洪门恳亲大会暨中国致公党第一届代表大会",宣告了中国致公党的正式成立。会议通过了《中国致公党党纲》,并推举了陈炯明、唐绍仪二人为正、副总理。致公党的成立得到了全世界范围内洪门团体的广泛相应,各分堂也随之改堂为党,形成了一个拥有 300 多个党支部,党员 40 万的大党。与其他政党不同的是,致公堂虽然改堂为党,却保留党堂并存模式,这也造成了堂的势力在党内"纵横捭阖"、"山头林立",对致公党组织运作造成了不

---

① 黄三德:《洪门革命史》,1936 年自印本,第 32—35 页。

良影响。

而另一个对致公党产生不良影响的因素，则是地域分裂。致公党的基础组成虽都是洪门兄弟，却是遍布世界各地，音讯难通联络不畅。洪门各分支都是从侨居地及本社群华侨实际出发，政治主张也难达成一致。以对待孙中山的态度为例，南洋华侨与北美华侨就有所差别。北美华侨因国内建党问题的宿怨，多为倒孙派；南洋华侨则相对更为支持孙中山，多为拥孙派。黄三德在《洪门革命史》中对华侨倒孙的情景有所记叙：

"海外侨胞中，不满于孙文者渐多，脱离民党者渐众，遂有新党之组织。而旧日致公党会员多数加入，由是扩充会员，美洲南洋均有分部，声势日大。凡反孙之华侨罔不加入。于是攻击孙文、攻击民党之事发生日多。海外华侨遂显然分为二大派。故一出国门，即见两派报纸互相攻击，不遗余力。"①

甚至于选择陈炯明为致公党总理，也与北美华侨中的反孙浪潮有关。陈炯明是与海外华侨有千丝万缕联系的粤系军阀代表人物之一，又曾在福建闽南地区盘踞。他于1909年末加入同盟会，并参与了广州新军起义，颇为孙中山所倚重。1917年，陈炯明参加护法运动，在闽南地区建立了势力。他在漳州施行自治新政取得了世所瞩目的成就，并在回师广东后在粤地推广。1921年，孙中山在广东建立"中华民国政府"，他则被任命为陆军部总长兼内务部总长。陈炯明主张联省自治反对北伐，主张改良反对革命，对中国未来路径选择的问题使他走向了孙中山的对立面，被边缘化并退居香港。

陈炯明早有筹建新党的想法并在1922年开始付诸行动，而致

---

① 黄三德：《洪门革命史》，第32—35页。

公堂也同样有建党的意图,更需要有名望的政治人物引领,同为反孙派的立场,陈炯明在广东福建两地曾有过的政绩以及共同的建党需求,使双方迅速接近。1924 年,陈炯明致函致公堂全体人士炮打孙中山,同时陈的亲信也致函黄三德提出组建政党的迫切性与必要性。1925 年 3 月,孙中山逝世,华侨之中的拥孙派失去了龙头,与此同时,反孙派则借陈炯明欲反攻广东之际,在北美华侨中为陈造势。1925 年 2 月 28 日,陈炯明的代表陈应权、叶少石在加拿大受到了华侨的热烈欢迎,并为此召开"全埠侨民欢迎大会"。在这次大会上,达成了议决要案五项:

第一,华侨赞成联省自治;第二,举陈炯明为新党首领;第三,筹助粤军饷项;第四,设立航空学校;第五,选派代表回国,征求陈氏同意。①

陈炯明对此欣然接受,1925 年 8 月,中国致公党筹备委员会发布《告全体洪门人士书》,正式宣布改堂为党的种种安排,宣布以陈炯明为总理,而以曾有留美经验,外交官出身的唐绍仪为副贰。

然而这个决定仍然在致公堂内部引起轩然大波。因为致公党筹备委员会在上海和旧金山分别设立了两个总机关,分别负责国内和海外的致公党事务。虽规定双方应有沟通,然而事实上双方仍各行其是。上海派认为自己建五祖祠有功,且更了解国内情况。他们代表致公党与唐绍仪展开了接触;而金山派则认为自己才是全球范围内致公堂的领袖,上海派的筹谋显然是逾越本分。因此,金山派在没与上海派充分协商沟通的情况下,先下手为强通过《告全体洪门人士书》,将陈炯明为总理的决定公告天下。上海派与金山派互相文字攻讦,造成了难以弥和的裂痕。

① 《海外华侨结合新党之趋势》,香港华字日报,1925 年 4 月 22 日。

第二节　致公党的发展与改革

致公党的成立,是华侨参政史上具有重要意义的大事件,至此华侨有了可以代表自身实力的政党,在中国的政治舞台充当角色。然而在初生时期,这个政党的党内形势却并不稳固。党堂不分、两派决裂,陈炯明出任总理时,所面对就是这样棘手的局面,急需整顿党务,凝聚力量。

一、党派初立

1926 年 2 月,陈炯明在香港设立了致公俱乐部,委派杨达波、钟秀南为正副主任;徐公整、陈天球、陈演生、俞华山、陈益廷、曾仲伟、黄伯群等人为委员。开始推进党务事宜,一面由先生决定主义,制定党纲概要,又陈演生等订驻港支分布暂行章程,从事登记党员,半年之间,陆续登记者十余万人。同时派员往澳门、广州湾、厦门各设支部,南洋吉隆坡、马六甲、芙蓉各埠,闻风纷请准设支部,并派员前往指导工作。①

在他们的努力下,除了旧金山致公总堂所在的美洲各地"凡是有堂的地方大多建立了党组织……使致公堂组织遍布美洲"之外,南洋各地华侨的积极性也被调动起来。

在发展党派之余,陈炯明也在为致公党确立政治大纲,即在陈炯明年谱中提到的"先生决定主义"。陈炯明很快完成了《致公党计划》的撰写,公布了他领导致公党的指导思想,即所谓"建国、建

---

① 陈定炎:《陈竞存炯明先生年谱》,台北,李敖出版社 1995 年版,第 920—921 页。

亚,建世"的三建主义。他具体将之解释为:

"一曰建国主义,用以解决中国问题,内容:一为民族的,主张中华民族之复兴;二政治的,建立联治民主制;三经济的,实行集产制;四社会的,劳资平等,男女同权;五武备的,归到民兵自卫制;六外交的,注重国民外交,以兼爱交利为主。二曰建亚主义,内容:一黄种主义,以黄种人大结合成立一大民族;二保亚主义,由亚洲人联合,共同保障和开发为亚洲根据地之亚洲联邦主义,由亚洲联邦建立联邦政府,代表亚洲对外关系,并统一全洲军事外交之权力及关于全洲司法之组织;三对于联邦内产业,用全洲共济精神,制定新经济政策。三曰建世主义,内容:一人种平等;二民族自决;三社会共济;四经济合作;五万国联邦;六废除各国军备;七打破一切阶级。其详见所著《致公党计划书》中,大抵以社会伦理为中心,以中国固有之文明为基础,以人类生活完成公平合理为归趋,其思想议论在适合于礼运小康之治,进而达于孔子礼运大同春秋三世之旨。"[①]

三建主义混合着社会主义、无政府主义以及中国传统政治理想,构建了一个与当时内有军阀割据,外有列强环伺的"中华民国"截然相反的世界大同乌托邦。陈炯明试图以此"三建主义"与孙中山的三民主义进行对抗,也体现在《致公党同人救国主张》及以救国主张为蓝本通过的致公党一大党纲之中。

有人认为三建主义"夸诞费解,殊影响党务"[②]。所谓夸诞费解,其实也不难理解。建立统一亚洲需与日本与虎谋皮,万国联邦

---

① 《定威将军陈公竞存事略》,载中国社会科学院近代史研究所、中华民国史研究室:《中国致公党》,文史资料出版社 1981 年版,第 11—12 页。

② 沈云龙:《有关陈炯明叛孙的资料》,载载中国社会科学院近代史研究所、中华民国史研究室:《中国致公党》,文史资料出版社 1981 年版,第 17 页。

更与世界列强有涉,这与初生的民国亟待解决"反帝反封建"任务完全背道而驰;至于"影响党务",则暗指这份纲领对解决新建的致公党所需面对的团结党内人士,整合有生力量也没有任何助力。

其实致公党内部也知道三建主义的缺失,在《致公党同人救国主张》中也指出"大同主义为现代不确实用之理想,吾人今日请求建设事业仍须以国家为范围,本着自强不息之精神,进而求国际永久之和平,再进而求大同之实现……"①

二、党、堂改革

在致公党整顿内务,扩张势力的同时,国内的政治形势也在发生变化。1927 年,国共合作宣告破裂,两党分道扬镳;而这年冬天,陈炯明在《致公党计划》的基础上,完成了《中国统一刍议》,为如何统一中国给出自己的"药方",并完整阐述了推翻军治党治;南北妥协;地方自治;联治民主等政治主张。这篇著作分为理论、办法和忠告三章:

在第一部分"理论"中,他首先对民国新生便陷入纷乱的原因进行了分析,归纳为 6 点真因(约法问题、国会问题、总统问题、政府问题、军制问题、党派问题)。他认为国家由君主而共和这种重大变革时期,发生纷乱不足为怪,决不能因此归因于国民程度不足以实行民主、建设共和。

陈炯明"理论"部分的撰写,实则有深刻的历史背景。1924 年,孙中山发表了《国民政府建国纲领》,提出了中国建国三阶段,即"军政、训政、宪政"三阶段。必须经过军政时期军法统治武力统

---

① 　王起鹍:《揭开陈炯明留在中国致公党的史迹》,载洪门、华侨、致公网:http://www.hmyzg.com/2013-wqk/2013-cjm.htm,2017—8—15。

一、训政时期政府训导人民运用民权承担义务,才能进入"宪政时期"。既然需要"训政",以逻辑而论,显然是以中国人民"国民程度"不足为前提。陈炯明旗帜鲜明地提出"国民程度不为可疑",是对孙中山理论的针锋相对的批判。

其次,他指出民国建立以来南北对峙的混乱局面之所以无法收拾,并非"和平解决"或"武力解决"两种手段有无效果的问题,而是运用这两种手段的"政治家们"不懂也不遵循民主政治的游戏规则。他批判北方军治是集权一军,南方党治则是专政一党,两者都违反了共和原则,也有违民主立国的初衷。

最后,他论述了统一的意义和手段,指出真正的统一必须是永久共识而非暂时妥协,是建立在民主共和的基础上的事实统一,而非法理统一。

在第二部分"办法"中,他首先指出统一方案有三种:纲领、程序、协约大纲。第一纲领统一国军,组织民主政治,实施良民政治。采取自治主义、自给主义、联合主义、分职主义方法构建政权分配权力,再次阐述唯有他一贯所提倡的联省自治,才是"中国共和唯一之路"。

统一方案的两程序则是联立民主的两阶段——第一期联立事实的统一政府;第二期产生合法的联治政府,并提出《统一同盟协约大纲草案》以及《中央统一政府组织大纲草案》。前者提纲挈领,后者则是对统一政府内部各组织机构与权限的构想。在三权分立制衡的构架下,设立中央最高行政机关——中央政治委员会,由同盟团体公推的十三名委员行使国家职权,对外代表国家,对内管理国家,均以全体委员署名推行政令。与行政权相对的,立法权由参议院行使,而司法权则由法院行使。在附则之中,他还提到了统一政府采取联治民主以 1 年 6 个月为期限,此后即成立民选的中央联治政府。

而接下来他又讨论了一下南北妥协的必要性与可能性，并论述了南北妥协的办法。他认为中国南北地区民情民风差异较大，妥协比对抗更容易调和思想，容纳民意，达成一致；而南北双方人民心向和平共处，若给予双方平等地位，政客也能在妥协中利益共享。对于双方而言都有好处。只要南北实力派能够在国家统一这一大义下，做真正爱国人士应作出的选择，南北妥协大有可能。

他以大篇幅内容，对国民党一党专政、训政、党化教育、三民主义、党外无党等政策逐一批判，对北洋政府，军阀内乱也多有批判，认为他们将民国公器当作分赃品。南北双方主政者都为一己之私对国家全不负责，因为他寄希望于"第三方面"的出现能够力挽狂澜。而他无疑想把致公党塑造成"第三方面"的中坚力量。

为了实现自己心中的共和理想，他还在 1928 年到 1931 年间数次北上与北洋政府的段祺瑞会谈，谋求以天津为基地在北方腹地发展致公党，然而他的想法并没有得到北洋政府的支持。事实上无论是盘踞在南方的国民党还是北洋军阀，都并未将致公党算入能够左右中国政局的政治势力。而事实上如致公党这样以华侨为组织基础，总部远在海外，与中国的政治现实有隔膜，政治理论也不成熟的新兴政党，的确很难获得话语权，何况致公党内部也是问题重重？为了致公党的存续及发展，就必须解决党内党堂不分，党堂并存的状况，对政党的改革势在必行。

1931 年 10 月，致公党第二次代表大会在香港举行。司徒俊葱、钟秀南、严锡煊、陈演生等及来自美洲和其他海外各处的代表数十人出席了会议。会议达成了几个重要决议：

第一，将致公堂的总部设到香港，一则续任总理的陈炯明常驻地为香港，二则相比旧金山，香港毕竟在地缘上更有优势，内联广州,外近华侨人数最多的南洋,方便对国内政治情况及时作出反应。美洲部分则为美洲总支部,司徒美堂被任命为支部主席。

第二,实行党、堂分家,确立党领导堂的地位。致公党是基于海外洪门基础上发展起来的政党,这让它在华侨中有很强的认同感,也为它打下了无法回避的"会党"标记,也必然会影响到党的发展。如何处理党堂关系,在致公党第一次代表大会上就是敏感话题。在第二次代表大会召开前夕的"五洲致公团体各区代表联合会议",这一问题也曾引发巨大争议。在大会通过的"五洲致公团体各区代表联合会议决组党存堂公约"中就对此直言不讳:

"五洲致公团体恳亲大会开会月余,第一次议决'组织政党',第二次议决'保存致公堂',乃因党名问题发生争议,以致枝节环生,旷日争峙。对于各本区提交大会原案反失其本旨而不之问是非……"[1]

对于党堂问题,会议决定"对于组党存堂得自由结合基此原则联合各区代表特开联合会议"。在承认党堂并存前提下组党存堂,虽然是大会不得不做出的妥协决定,但毕竟走出了党堂分离的第一步。致公党得以慢慢脱离会党的影响,向现代政党方向蜕变。

第三,成立中国致公党中央党组织,作为全党的中心机关,并成立全党代表大会,遵照党章执行职权,决议一切重要党务。

会议结束后,新鲜成立的中国致公党中央党部发函给旧金山、古巴、秘鲁、巴拿马、纽西兰、伦敦、非洲等总部及新加坡、吉隆坡、

---

① 《五洲致公团体各区代表联合会议决组党存堂公约》(图),载洪门、华侨、致公网:http://www.hmyzg.com/12-zgls/zgls-w/080112-02d.htm,2017—8—15。

马六甲、上海、天津、厦门、香港等支部组织,通报代表大会及之前的五洲致公团体会议的召开情况,号召各地方党部应内外相维,并接受陈炯明这位续任总理的指挥。[①]

1933年2月,《致公党党纲提要》出台。在这部新党纲中,申明了致公党6点政治主张。包括:1.谋推倒国民党政府实现共和政体。痛陈国民党专政后的种种乱象,将推翻国民党政府、取缔党治作出重要目标。2.反对共产。由于孙中山的新三民主义中有联俄联共的内容,致公党也延续了与共产党的旧怨,将苏俄斥为"赤色恐怖"。3.扫除军阀。4.竭诚拥戴总理陈公炯明东方再起,复五色国旗。5.恪遵五祖遗训。6.担负一切义务。[②]

二大结束之后,致公党内党务情况为之一新,并在南洋群岛和大洋洲等地继续发展支部,取得了一定的成绩。然而1933年9月,陈炯明因病逝世,致公党也因为政局的变化有了新的发展方向。

第三节 致公党与抗日战争及解放战争

1931年10月致公党在香港召开"二大"的前夕,日本在东北悍然发动了918事变。致公党也做出反应,号召党员们"海内外各处党员,一致参加抗战工作,出钱出力,以尽职责。"并在此后抗日战争14年,解放战争4年时间里,致力于救亡图存,民主共和的事业。

---

① 王起鸥:《揭开陈炯明留在中国致公党的史迹》,载洪门、华侨、致公网:http://www.hmyzg.com/2013-wqk/2013-cjm.htm,2017—8—15。

② 《致公党党纲提要》(图),载洪门、华侨、致公网:http://www.hmyzg.com/2013-wqk/2013-cjm.htm,2017—8—15。

一、致公党与抗日战争

九一八事变后,致公党迅速反应。1931 年 12 月,陈炯明就日本侵略东三省事件发表《敬告国人书》。疾呼"国之危矣",批判国民党无论对"内患"共产党还是外患"外患"日本帝国主义都无所作为,号召"国民起而自决,组织救国大团体,实行全民总动员之运动。"即"由全国较有组织之职业团体、区域团体、宗教团体、慈善团体、武装团体、妇女团体及其他一切团体,基于自觉的决心,采取超越党派,实行过敏自决主义,齐集救国旗帜之下,共赴国难。"①

1932 年 1 月,日本在上海制造了 128 淞沪会战,致公党一则"勉力侨胞……鼓励沪上党员投身行伍,所贯彻捍卫国土保护主权之本旨",一则北美总支司徒美堂立即联合北美各侨团进行募捐,并在淞沪停火后亲自带人将物资送给参战的十九路军,旗帜鲜明地站在抗日的立场。1934 年,加拿大致公堂致电十九路军陈铭枢、蔡廷锴等人在福建成立的"中华共和国人民革命政府",称其"主张对内打倒媚日卖国之蒋介石与南京党府,对外则贯彻抗日救国收复失土之初衷,正与同人(致公党)等本旨深契。"②也正是因为与致公党有这样的交往,因此在福建事变失败后,蔡廷锴才会选择前往美国访问暂避国内政情。此后又有杨虎城、冯玉祥、陶行知等国民党政府的"异见人士"前往美国,都得到了致公党人领导北美华侨的接待和保护。

致公党也时刻关心着国内政情。1936 年 1 月召开的"一二

---

① 《敬告国民书》,载段云章、倪俊明编:《陈炯明集(下)》,中山大学出版社 1998 年版,第 1160 页。

② 陆榕树、王宋大、吴明熹:《中国致公党简史》,中国致公出版社 2003 年版,第 9 页。

八"四周年纪念大会上,与会代表集体决议成立上海各界救国会,并在 1936 年 5 月 31 日五卅纪念日的第二天召开了代表大会,并通过宣言要求国民党政府履行国防义务,从民族大义的高度动员全国应敌,而不应以专心于内战手段排除异己,以立法手段维护一党专政。尤其在国民党内有力人士如李宗仁、冯玉祥等都主张合理抗日,而被围剿的共产党也修改了一部分政治主张,表示愿与各党派合作抗日。国民党政府作为中央政府,更应负担起最大责任。救国会对侨胞的力量也给予高度评价:

"大会认为:侨胞是中国在国际上的一个伟大力量,而同时是民族革命的一个伟大力量,过去革命中侨胞的踊跃输将,已经可以证明。

大会认为:在南洋及欧美各国的侨胞,应该从速加以严密的组织,使之能在救国阵线中成为国际宣传及经济供给的巨力。对于侨胞之合法权益,应加以保护。

大会认为:在日本、朝鲜和台湾的华侨,多数因为受着日本帝国主义的严重压迫,而已经成为反日阵线中最坚决的分子,应该妥为组织;其被迫回国者,应妥为安置。

大会认为:在国防工业上有熟练技术之华侨,应从速敦促其回国;侵略国在中国招募工人,应该加以制止。"①

致公党对此也深表赞成,在救国会沈钧儒、邹韬奋等救国会七君子被捕事件发生后,美洲致公党总堂盟长任锐勋与 300 余名知名人士联署《旅美华侨告海外同胞书》,发表支持救国会七君子的立场,提出"今日非抗日无以救亡,非联合无以抗日,真理至明。"②

也是因为双方有共同的抗日立场,致公党转变了原本排斥态

---

① 周天度、孙彩霞编:《救国会史料集》,中央编译出版社 2006 年版,第 108—109 页。
② 陆榕树、王宋大、吴明熹:《中国致公党简史》,中国致公出版社 2003 年版,第 10 页。

度,加入了中国共产党倡导的抗日救亡统一战线。

1937 年七七事变后,日本开启了全面侵华战争,祖国生死存亡之秋,作为华侨政党的致公党也投入国内外反对日本法西斯的洪流。司徒美堂辞去了党内职务,全心投入为国募捐的活动。他组织了纽约抗日筹饷总局,并主持筹饷工作长达五年之久。广泛在华侨中展开各种名目的募款,包括额捐、飞机捐、散捐、自由捐等等。在 1937 年到 1945 年间,美洲华侨的捐款就有数亿美元。这些捐款大部分通过中国银行汇给蒋介石的国民党政府,也有一部分通过宋庆龄为首的"保卫中国大同盟"转给了中国共产党进行敌后抗战。而在东南亚一带,致公党带头组织的"南洋华侨筹赈祖国难民总会"每年汇回国内的捐款也有 7 亿元之多。[①]

此外致公党还组织协助输送华侨归国抗日。美国方面输送回国参军的粤籍华侨青年就有将近 1000 人,而南洋则地缘上与祖国更为接近,回国抗日的华侨为数更多。马来西亚致公党支部领导人官文森出资组建的东江华侨回乡服务队、菲律宾致公党领导人许志猛组织的"菲律宾华侨抗日锄奸义勇队"等等,华侨们英勇战斗,为抗日战争的胜利做出了重要贡献。

在 1941 年皖南事变后,致公党愈发倾向于共产党,他们反对分裂,反对一党独裁,要求还政于民,建立民主政府,并为之此与国民党进行了坚决斗争。

二、中国致公党第三次代表大会

1945 年 8 月,抗日战争以日本宣布投降告终,全国各界——包括华侨在内都积极期盼着能够构建民主的联合政府,从此走向

---

① 王志培:《陈其尤与中国致公党》,广东人民出版社 2004 年版,第 23—24 页。

一个和平发展的新中国。致公党也在其中,事实上从抗日战争后期,致公党就已经在中共南方局的支持和启发下,酝酿恢复党组织活动。共产党方面的意见是:

"中国致公党是爱国华侨的一个基础的组织,恢复致公党的组织活动,对华侨爱国活动具有一定的影响。"

这也坚定了驻重庆的致公党中央干事会负责人陈其尤的决心,他联系了以司徒美堂为代表的致公党内"老人",也得到了他们的积极支持。从 1946 年初起,致公党又开始在旧总部所在地香港恢复运作,许多党员闻风而至,配合陈其尤、陈演生等人进行恢复致公党组织的工作。另一方面,致公党对国内政治局势也颇为关心,适时地表达了己方反内战,求民主,反国际干涉的立场。在 1946 年制宪国民会议召开前夕,致公党发表时局意见:

"解决国事,本党(致公党)仍认为只有认真实行停战协定,立即先行无条件全面停战,而在和平气氛中执行政协决议。在民主联合政府成立后,则实行统军整编方案,以完成军队国家化。"为此,致公党愿与"为和平民主建设新中国而奋斗之任何党派"携手合作,并要求美国政府改变支持国民党一方的外交政策。

而对于实质为"一党国大"的制宪国民会议,致公党则明确表示反对,在声明中指出"国民大会为制定国家百年大法,本应由普选而产生全民代表召集举行之",纵使"迁就现实"不能实现,也应该按照政协决议内容与程序而不该"片面召开",并要求"在朝党"对国民大会可能引起的国家分裂等不良后果全权负责,对于"其所制定之宪法",致公党也持保留态度。①

---

① 参见《中国致公党发表时局意见》及《中国致公党反对一党召开"国大"的声明》,载中国致公党中央文史委员会编:《中国致公党文件选编》,中国致公出版社 1995 年版,第 4—5 页。

至第三次代表大会召开前,陈其尤在香港和广州两地的工作已经初见成效。致公党总部得以恢复,与海外各地分支组织的联系重新建立,党务得以重新整顿,党员重新进行登记,并在广州成立了致公党国内支部,由就读于中山大学政治系致公党员阮哲民执笔,着手起草适应新国情,符合新时代的党纲和党章等文件。

1947 年 4 月底 5 月初,致公党在香港召开了第三次代表大会,对致公党进行改革。正式改总理制为委员制,并更选中央执、监委,设立香港、马来亚、美洲三个总支部及二十多个分部。会议修改并通过了《中国致公党政纲》和《中国致公党章程》,并对外发表《中国致公党第三次全国代表大会宣言》及《告海外侨胞书》。此外,中国致公党还致电美国总统杜鲁门,再次表达反对美国干涉中国内政的立场。

在《宣言》之中,大会历数致公党为民国建立,为"实现真正民主政治之途径致国家于富强,使人民能享有政治经济之绝大自由,海外侨胞能获得强国人民所应享之平等待遇"所做出的种种努力,为民国建立、为抗日救亡所做出的种种贡献。指控国民党政府在"热心国事"的其他党派与个人皆愿协力建设民主新国家之时逆潮流而动,导致国家陷入"有史以来所未有"的国家与民族危机。致公党提出了挽救国家危难的六步主张,亦可视为致公党的政治理念:

"第一步,停止内战。国共两方军队,应即退回去年(1946 年)1 月 13 日停战命令发布前之两方原占地区,以为解决国是问题;

第二步,重开各党派政治协商会议。在未能实现普选之前,应尽可能吸纳更多的民主党派参加协商,争取最大国民之共识;

第三步,在各党派协商会议中,应即协议产生各党派平等联合之政府,以代替目前非依政协所产生之国、民、青三党联合政府;

第四步，联合政府应即制定国民大会选举法，使人民得依此以举出其真正代表之组织国民大会，制定中华民国正式宪法，同时取消国、民、青三党所制定之伪宪法；

第五步，根据新宪法之所规定，即行正式选举真正民主之新政府，其以前之联合政府，亦同时取销，将其所有事权全部移交新民主政府；

第六步，新民主政府成立之后，即时召开个地方之民意机关，如省民大会，县民大会，乡民大会及村民大会等，并由各级民意机关，各自选举其政府。"①

而在《中国致公党政纲》之中，则进一步阐明了致公党的政治规划和对国家的期许。总纲部分确定"民族解放、国家富强、人民自由"是致公党的奋斗目标，之后则从政治、经济、财政金融、军队、外交、教育及文化、社会及救济和侨务等各方面阐述致公党的"详细之决策，确当之方针"。

在政治方面，首先确认国家主权属于中华民国全体人民，采取普选制、议会制、内阁制，由国民大会通过民主集中制行使国家权力。在中央应建立融合各党各派、举国一致的联合政府，各民主党派一律合法而平等。而在地方则应采取均权制，实现地方自治。

在经济上，经济建设要有全国性计划，而人民则享有经营自由和劳动保障。反对过影视业官僚化和私人企业独占化。以政策和法律保障和引导侨胞投资国内，在不损害国家利益的情况妥善利用外资。有规划地发展国际贸易，有计划地发展各项轻重工业并与农业生产配合，使中国完成从农业国向工业国的转变。妥善处

---

① 《中国致公党第三次全国代表大会宣言》，载中国致公党中央文史委员会编：《中国致公党文件选编》，中国致公出版社 1995 年版，第 9—10 页。

理土地问题,逐步实现耕者有其田。鼓励开荒,奖励发展公共交通事业。

在财政金融方面,划分中央与地方财政,改革税制,兴办银行,财政公开,会计独立;在军队方面,实现军队国家化,发展现代化军队,实行征兵制,保障军人及军属权益;在外交方面,坚决废除不平等条约,以平等姿态结交各国,加强外交活动以改善侨胞地位,保障侨胞权益。在教育及文化方面,提倡发展民主教育,增加教育与科研投入,尊重学术自由,保障新闻出版等文化事业的自由,并扶持文教事业发展;在社会及救济方面,保障人民工作权及生存权,制定并实现全国就业计划,推进各项社会福利及保险制度,通过健全的劳动法促进劳资双方合作,鼓励成立工会农会,保障妇女儿童权益。

因为独有的华侨政党背景,致公党在政纲中显示出本色。侨务部分有 11 条政策:

"1. 设立侨务机构,实行护侨政策。

2. 对于海外侨胞,应协助其加强团结,争取在当地应得权益,充分配备金融与交通之力量,予侨胞以经济之扶助而加强侨胞对祖国之经济联系。

3. 运用外交上之努力,以融合侨胞与所在国国民之情感,并向所在国交涉废除对我国侨胞之不平等法律而保护侨胞之权益。

4. 奖励侨胞人才回祖国服务。

5. 海外各地受外人摧残而致生命财产损失或战祸影响而失业之侨胞,政府应负责向有关方面提出赔偿并协助其复业及对其居留国内之眷属生活,予以救济。

6. 协助海外各地侨胞,教育,文化事业之普及与发展,并奖助侨胞子女回国就学。

7. 侨胞汇款应予优惠的便利。

8. 鼓励侨胞向国内投资,并予以最惠权益与保障。

9. 增加侨胞国民代表名额,以扩大侨胞之参政权。

10. 应在各主要港口设立侨胞服务机构,以便利归国,出国侨胞,并为其服务一切。

11. 政府应负责切实保障归国侨胞之权益,不受地方官吏,关卡,税务及地痞恶棍藉端勒索或故意留难。"①

其后致公党一本初衷,高举反内战反独裁的旗帜,公开反对如"总动员法"等国民党各种"倒行逆施"政策法律。并在共同斗争中走向了中国共产党一方。1948年,致公党与其他各民主党派包括国民党革命委员会、中国民主同盟、中国民主促进会、中国农工民主党、中国人民救国会、三民主义同志联合会等共同发表《各民主党派为召开新政协致海内外电》,号召各界响应中国共产党五一劳动节号召,"集中意志,研讨办法,以期根绝反动,实现民主"。

1949年,致公党领袖司徒美堂受到毛泽东邀请回国,作为民主党派之一的代表,参加了政治协商会议。时至今日,致公党作为八个参政党派之一,在政治生活中发挥重要作用。

---

① 《中国致公党政纲》,载中国致公党中央文史委员会编:《中国致公党文件选编》,中国致公出版社1995年版,第9—10页。

图书在版编目(CIP)数据

近代华侨参政及相关法律研究/马慧玥著.
—上海:上海三联书店,2022.

ISBN 978 - 7 - 5426 - 7738 - 9

Ⅰ.①近… Ⅱ.①马… Ⅲ.①华侨—参政议政—
研究—中国—近代 Ⅳ.①D634.1

中国版本图书馆 CIP 数据核字(2022)第 114326 号

近代华侨参政及相关法律研究

著　　者　马慧玥

责任编辑　钱震华
装帧设计　陈益平

出版发行　上海三联书店
　　　　　(200030)中国上海市漕溪北路 331 号
印　　刷　上海昌鑫龙印务有限公司

版　　次　2022 年 10 月第 1 版
印　　次　2022 年 10 月第 1 次印刷
开　　本　700×1000　1/16
字　　数　140 千字
印　　张　11.25
书　　号　ISBN 978 - 7 - 5426 - 7738 - 9/D · 538
定　　价　78.00 元